coleção primeiros passos 193

Paulo Ghiraldelli Jr.

O QUE É PEDAGOGIA

editora brasiliense
São Paulo - 2014

Copyright © by Paulo Ghiraldelli Jr., 2010
Nenhuma parte desta publicação pode ser gravada,
armazenada em sistemas eletrônicos, fotocopiada,
reproduzida por meios mecânicos ou outros quaisquer
sem autorização prévia da editora.

Primeira edição, 1987
4ª edição, revista e atualizada, 2007
13ª reimpressão, 2014

Diretora Editorial: *Maria Teresa B. de Lima*
Editor: *Max Welcman*
Revisão: *Karin Oliveira e Angela das Neves*
Capa: *Camila Mesquita*

Dados Internacionais de Catalogação na Publicação (CIP)
(Câmara Brasileira do Livro, SP, Brasil)

Ghiraldelli Júnior, Paulo
O que é pedagogia / Paulo Ghiraldelli Jr.
12ª reimpr. 4. ed. -- São Paulo : Brasiliense, 2012.
(Coleção Primeiros Passos ; 193)

Biografia
ISBN 978-85-11-01193-7

1. Pedagogia I. Título. II. Série.

07-5036
CDD-370

Índice para catálogo sistemático:
1. Pedagogia 370

editora brasiliense ltda
Rua Antonio de Barros, 1839 - Tatuapé
CEP 03401-001 — São Paulo — SP
www.editorabrasiliense.com.br

Sumário

Introdução 9

I - A noção de pedagogia 11

II - O conceito de pedagogia 21

III - A infância 33

IV - Pinóquio 43

V - Trabalho 49

VI - Linguagem 57

VII - Fim das hierarquias epistemológicas 65

VIII - Didática 77

Final. 95

Indicações para leitura 99

Sobre o Autor 101

DEDICATÓRIA

Fran, o que está aqui é, em grande parte, a "minha pedagogia". Passei três décadas da minha vida utilizando essa pedagogia ao mesmo tempo que a construía.
Não sabia que, ao final, eu a ofereceria, pronta, para o meu amor.
Não é a felicidade máxima poder fazer isso?
Pois bem, aí está, mais uma dedicatória para sua coleção. Pois você sabe dar valor a elas.

Introdução

O leitor tem em mãos um verbete crítico a respeito do termo "pedagogia". Como todo verbete, este aqui também é apenas um caminho para outras leituras. Todavia, um bom verbete precisa satisfazer quem o procura, ao menos momentaneamente. E no que este verbete pode satisfazer?

Ele deve deixar satisfeito o leitor que quer resposta para "o que é pedagogia?" de um modo que a cultura ocidental geral não se apresente distanciada da cultura brasileira. Assim, "pedagogia", aqui, é um termo tratado com cuidado especial. Eu o assentei em nossa tradição. Faço referência às principais conceituações e tendências, mas concedo privilégio para o modo como temos pensado a reflexão e a prática educacional no Brasil.

Além disso, o verbete aqui exposto não fica apenas no âmbito das conceituações. Nos capítulos finais, encaminho a discussão para o campo da prática da pedagogia, isto é, o da didática. Podemos e devemos falar em pedagogia, no singular. Mas quando vamos para o âmbito prático, não temos pedagogia, e sim pedagogias. E essas ganham suas particularidades mais visíveis no campo da didática, quando então toda a atividade educacional deve seguir procedimentos. Pedagogias diferentes, para serem efetivamente diferentes, devem ter procedimentos próprios. É o que apresento ao final.

O verbete é coroado com um quadro das correntes pedagógicas do ponto de vista didático, onde cada corrente apresenta seus passos para que a relação ensino-aprendizagem ocorra. Neste caso, não me abstenho de apresentar os meus passos pedagógico-didáticos, que já apareceram em outras obras, mas que aqui estão de modo sintético para o leitor entender o que uma parte dos filósofos que pensam e fazem educação tem elaborado, no mundo de hoje, a respeito da educação *em sala de aula*.

Espero que gostem do livro e que ele seja bem útil.

Paulo Ghiraldelli Jr.,
São Paulo, 15 de janeiro de 2007.

A NOÇÃO DE PEDAGOGIA

Em grego antigo, *paidós* significa "criança" e *agodé* indica "condução"; aglutinadas e adaptadas ao português elas nos dão a palavra pedagogia. Na Grécia Antiga o *paidagogo* era o condutor da criança. No mundo grego clássico ele era aquele que guiava a criança ao local de ensino das primeiras letras e ao local da ginástica e dos exercícios físicos. Não raro, o pedagogo era um escravo ou um serviçal. Não necessariamente era um preceptor, alguém responsável pelo ensino propriamente dito. Em geral, não era aquele que de fato ensinava conteúdos, a não ser alguns poucos hábitos, ligados aos costumes do local. Mas não importa aqui discutir se o escravo era ou não culto, se era capaz de ensinar algo que estivesse além de determinados saberes mínimos que, em nossos dias, atribuímos a babás. O que quero ressaltar ao dizer que o pedagogo era apenas um guia para a criança é que ele tinha como função colocá-la no caminho da escola e, metaforicamente, na direção do saber. Hoje, o sentido metafórico é aquele que usamos: o pedagogo não é mais quem serve de pajem da criança nem é o motorista que leva a criança à escola. Ele é o que lida com os meios intelectuais e técnicos que possibilitam o ensino e a aprendizagem de modo ótimo.

Ao notarmos a origem da palavra pedagogia, o que importa é ver que ela guarda, ainda hoje, algo do significado utilizado no mundo grego antigo. Quando usamos a palavra pedagogia não estamos nos referindo propriamente ao conteúdo do que é ensinado, mas aos meios de ensino, aos procedimentos para que alguém tenha acesso a um determinado conhecimento de modo a aproveitá-lo da melhor maneira possível.

Essa origem da palavra pedagogia persegue a atividade do pedagogo até hoje e, não raro, o que seria sua força se transforma em sua desgraça. O que quero dizer com isso? Explico a seguir.

Em alguns países a formação do pedagogo se dá de modo a favorecer a existência de um espaço vazio entre o que ele apreende como estratégias para o ensino e o que ele já deveria saber de antemão, que são os conteúdos escolares. Isso porque, na formação do pedagogo, muitas vezes, há considerável ampliação da discussão sobre a educação em geral, sobre psicologias necessárias para a aprendizagem, sobre técnicas de alfabetização, sobre política educacional, porém tudo isso é feito sem que ele seja incentivado a gostar dos conteúdos que deverá preencher a relação ensino-aprendizagem e avisado de que deve saber tais conteúdos mais do que qualquer outra coisa. E, em vários países, por razões diversas, mas no Brasil de modo muito acentuado, os que procuram essa carreira ingressam no ensino superior com deficiências de aprendizado dos conteúdos escolares que deverão ensinar. Assim, o que seria a força do pedagogo torna-se sua fraqueza: ele poderia ser alguém capaz de potencializar o ensino de conteúdos que conhece, mas, entre nós, não raro ele é alguém que pode falar sobre o ensino, sem conhecer corretamente os conteúdos do ensino. No limite, quem fala sobre o ensino sem conhecimento operacional dos conteúdos do que é ensinado termina por ter uma conversa vazia.

No Brasil isso é uma regra: por exemplo, muitos pedagogos discutem metodologia da matemática sem, no entanto, terem domínio da matemática básica. Isso também ocorre quanto a outros conteúdos. Em nosso país, a partir da Lei de Diretrizes e Bases de 1996 (nº 9.394), seguimos a tendência de formar os professores de nosso ensino de primeira a quarta séries segundo uma grade curricular ligada direta ou indiretamente ao que é o nosso curso de pedagogia. Tudo se agrava uma vez que esse curso recebe um jovem que, entre o alunado brasileiro, entre 17 e 19 anos, é o que menos tem conhecimentos dos conteúdos básicos da cultura escolar. O curso de pedagogia, no Brasil, é bastante procurado, mas as exigências intelectuais para ingressar nele e cursá-lo são relativamente baixas. Muitas vezes, são inapropriadas.

Assim, um exército de professores-pedagogos é formado todos os anos em nosso país, mas não consegue desempenhar satisfatoriamente o serviço que tem pela frente. Os formandos não conseguem cumprir as exigências de atuarem como professores da tradicional e universal escola do "ler, escrever e contar". Como conseguiriam, afinal, se eles próprios são deficientes exatamente nisso, no ler, no escrever e no contar? Isso pode não ser um problema do curso de pedagogia, mas do ensino em geral; todavia, em nossa sociedade, ele se torna um real problema do curso de pedagogia que forma o professor. Pois, afinal, todo professor é professor de determinado conteúdo. No caso, o conteúdo é o "ler, escrever e contar". E esse "ler, escrever e contar" pode ter se transformado em muito simples em alguns aspectos, mas muito mais complexo em outros.

    Talvez mais do que qualquer outro curso, o de licenciatura em pedagogia deveria receber atenção especial quanto a esse problema da formação básica de quem chega a ele. O problema que temos de resolver, em tese, é bastante simples. Teríamos de ter o professor-pedagogo com real domínio de matemática, história, geografia, português e ciências antes de vê-lo envolvido em discussões que mais têm a ver com as dissertações e teses de seus professores do curso de pedagogia do que com o que ele vai enfrentar em sua futura sala de aula, como professor de nossas crianças. Isso é impossível? Não, afinal, fizemos isso no passado. Tínhamos uma Escola Normal, em nível médio, que tornava as professoras de primeira a quarta séries aptas a desenvolver os conteúdos do "ler, escrever e contar". É errado dizer que perdemos isso por uma lei do destino de toda e qualquer democratização do ensino. Nossa democratização não deu hoje mais escolas e mais pessoas nelas, inclusive grande quantidade de pessoas cujos hábitos familiares não incluem o manuseio da cultura mais sofisticada. Mas não podemos nos fiar nisso para conseguir um consolo, pois outros povos conseguiram democratizar o ensino em meio a condições adversas, talvez até mais problemáticas do que as do Brasil, e nem por isso geraram um exército de professores-pedagogos incapaz no trabalho de ensinar o "ler, escrever e contar".

Esse grave problema, em nosso país, não tem sido enfrentado, embora esteja estampado para boa parte da sociedade. Um pai que fez um curso superior em uma universidade razoável e, para tal, teve de fazer um "exame vestibular", domina conteúdos da matemática básica e, então, se espanta de ver seu filho não tendo o apoio necessário na escola em relação a tal assunto. Quando vai até a escola e conversa com a professora, percebe então que o problema está na professora: ela, a professora-pedagoga, não consegue "dividir com número depois da vírgula" e não sabe "colocar o pronome" em uma sentença simples. Essa professora-pedagoga talvez tenha estudado "metodologia do ensino de matemática" e "metodologia do ensino de língua", porém, ela própria tem dificuldade de executar operações matemáticas simples e de escrever um texto de uma página de modo correto. Isso tem sido um problema da nossa escola pública. Mas já é, também, o presente e o futuro de boa parte de nossa escola particular.

Alguns poderão dizer que esse não é um problema do curso de pedagogia e muito menos um problema da pedagogia como um campo de atividade. Em parte, terão razão. Mas somente em parte. Pois ele foi um problema que surgiu também nos países ricos, na transição do século XIX para o XX, quando tais países estavam dando saltos educacionais que não demos. Mas não só no passado. Na segunda metade do século XX ele voltou a ser tema de debate, em especial nos Estados Unidos. Há uma história que ilustra bem essa questão, que se passou logo após 1957, por ocasião do lançamento do *Sputinik*, a espaçonave da União Soviética. Os Estados Unidos também estavam tentando lançar um objeto desses para o espaço, e se viram diminuídos pelos "russos", que começaram a "corrida espacial" na frente. Nos Estados Unidos a sociedade dá um valor imenso à escola e, para o bem ou para o mal, a escola é responsabilizada por muito do que ocorre entre os norte-americanos. Portanto, não foram poucos os norte-americanos que disseram que a culpa de os Estados Unidos terem falhado em seu programa espacial era da escola, pois os "russos" estariam tendo um ensino melhor. Essas pessoas passaram a dizer que o ensino na União Soviética era mais "conteudístico" e, por isso, melhor. Culparam, então, o "movimento da escola nova" ou "escola progressiva" norte-americana, diretamente ligada ao filósofo John Dewey, o chamado "filósofo da democracia". Parafraseando Napoleão, que disse que a "Guerra é muito importante para ser deixada nas mãos de generais", alguns norte-americanos disseram que "O ensino era algo muito importante para ser deixado nas mãos de pedagogos". Os que afirmaram isso, na maioria, eram conservadores politicamente. Atacaram os "métodos liberais" de Dewey e do que seria a "educação tipicamente norte-americana". Todavia, como a ligação entre pedagogia e filosofia da educação, nos Estados Unidos, era muito forte, ao atacar Dewey e seus "métodos liberais", eles tomaram a própria profissão de pedagogo como o que deveria ser colocado na berlinda. Afinal, não era o pedagogo aquele que privilegiava os métodos em detrimento de melhor conhecimento dos conteúdos? Se isso era verdadeiro ou não, nos Estados Unidos, o que valeu foi a fama. Os pedagogos tinham a fama de privilegiarem discussões sobre "como a criança pensa" e "como ensinar", e não sobre o conteúdo da matemática, das ciências e da língua pátria. E então, os pedagogos foram postos na parede e tiveram de recuar. Engenheiros, físicos e médicos quiseram dar a linha para a reformulação do ensino norte-americano.

É interessante notar o modo pelo qual essa discussão se deu nos Estados Unidos, naquela época, nos final dos anos 1950 e início dos 1960. Os conservadores, exatamente os que se opunham ao liberalismo norte-americano radical, e também se opunham ao comunismo, foram se inspirar em um país comunista para criticar Dewey e, por tabela, a pedagogia como um todo. Eles atiraram no que viram e acertaram no que não viram. Dewey e sua pedagogia poderiam não ser os culpados pelo enfraquecimento do ensino norte-americano. E, talvez, os Estados Unidos nem tivessem um ensino fraco como diziam. E mais: a corrida espacial não era, certamente, um problema escolar – os norte-americanos, afinal, a venceram nos anos que se seguiram, e mais rapidamente do que se poderia esperar com base na "revolução educacional". Mas o ataque dos conservadores norte-americanos nos serve de exemplo, aqui, para entendermos que eles de fato farejaram um problema no âmbito da pedagogia: a facilidade com que ela separa, na formação dos que optam por ela, as estratégias e as discussões sobre o ensino e o conteúdo da relação ensino-aprendizagem como elemento central e básico.

Essa discussão, que veio à tona no final da década de 1950, na verdade já estava presente antes, nos debates entre os adeptos de determinadas correntes francesas e os adeptos de correntes norte-americanas em assuntos educacionais. E foi no interior desse debate que o termo pedagogia foi remodelado e ganhou as conotações que tem hoje entre nós. É o que apresentamos no capítulo seguinte.

O CONCEITO DE PEDAGOGIA

Em nossos tempos, a palavra pedagogia não é um mero termo, uma simples palavra utilizada para designar uma atividade. Designa uma atividade, sim, mas é mais do que isso. Pedagogia transformou-se em um conceito a respeito do que fazer com a educação. E, para um conceito, podemos ter várias definições. Então, cabem para a pedagogia várias doutrinas.

Três tradições de estudos educacionais responsabilizaram-se pelo conceito de pedagogia e, enfim, o que a pedagogia tem de recomendar para a educação e o que tem de proibir nas relações de ensino-aprendizagem. Essas tradições se fizeram por linhas de reflexão desenvolvidas em três países diferentes e, portanto, por três culturas distintas. Da França, emergiu a sociologia positivista de Émile Durkheim (1858-1917), cuja preocupação inicial foi exatamente com a educação. A Alemanha foi responsável pela filosofia e pela psicologia de Johann Friedrich Herbart (1776-1841), que também se desenvolveram estreitamente ligadas a questões educacionais.

Os Estados Unidos deram ao mundo a filosofia de John Dewey (1859-1952), que funcionou como sinônimo de filosofia da educação. Esses homens não só elaboraram o que seria a melhor pedagogia para uma educação eficiente, mas também desejaram, nesse afã, definir a pedagogia, dizer o que ela é ou o que deveria ser.

    Herbart veio do interior de uma corrente filosófica alemã que se apresentava como "realista". A ideia básica de tal corrente era a de que o intelecto, ainda que ele próprio tivesse de agir sobre o mundo para apreendê-lo e, então, gerar o conhecimento, assim faria de maneira relativamente simples, sem que houvesse grandes comprometimentos em relação ao conhecimento por causa de possíveis ilusões e erros do intelecto. Haveria uma relação direta entre aquele que conhece e o mundo a ser conhecido. Em qualquer modelo sobre como o conhecimento emerge e é possível, a ilusão não deveria ser hipervalorizada, e o erro seria sempre algo a ser considerado perfeitamente evitável. Para que o conhecimento viesse a se fazer notar, sem a ilusão e com o erro sob guarda, bastaria que a mente pudesse agir, de modo limpo, sobre o material do mundo. A realidade, para uma mente saudável e esquiva em relação a emoções e interesses ligados ao âmbito da paixão, naturalmente se imporia à mente; e esta, por sua vez, criaria "massas de ideias" que, aglutinadas, dariam os conceitos – o que deveria ser fixado e o que, enfim, seria o conhecimento.

Herbart foi quem, quase pioneiramente, insistiu na ideia de que não seria mais possível fazer educação com base no desconhecimento desse seu modelo que, enfim, teria nos dado o "funcionamento da mente". Sendo assim, o recado de sua filosofia para a pedagogia era bastante claro: a pedagogia se tornaria naturalmente uma ciência – a "ciência da educação" – se estivesse solidamente embasada em informações vindas de uma psicologia experimental. A tal psicologia experimental de Herbart era bem menos experimental do que podemos entender atualmente pelo termo. Mas o que ele queria dizer com experimental é que se tratava de uma psicologia elaborada partindo de uma observação sistemática do funcionamento da mente. É claro que sua psicologia, criada em meados do século XIX, foi superada. Ela foi acusada, em especial pelos seguidores de Dewey, de "intelectualista", ou seja, uma psicologia incapaz de compreender os elementos emocionais que envolviam a aprendizagem. Mas, de Herbart, ficou um dos procedimentos que mais conquistaram o professorado. Muitos entenderam que ensinar alguém era ensinar segundo o que Herbart havia definido para a pedagogia, a "pedagogia como ciência da educação", responsável pelo chamado "cinco passos formais de Herbart". Essa pedagogia foi, durante bom tempo, a responsável pelo principal método didático na Europa e América. Ela chegou a rivalizar com a pedagogia dos religiosos católicos, por exemplo, a pedagogia dos jesuítas, que haviam sido bastante influentes no século anterior. Herbart foi o autor dos "passos pedagógicos" para o ensino de toda e qualquer matéria, uma maneira de fazer certa "sequência de aula" que até hoje é, para muitos, o rumo do que é uma correta palestra didática.

Ele, Herbart, fez sucesso não só na Alemanha, mas também nos Estados Unidos e na França. Nos Estados Unidos, teve êxito ao menos até por volta de 1900. Até essa época, inclusive, a associação nacional de educação dos norte-americanos tinha seu nome. Foi então que a literatura filosófica, psicológica e educacional de Dewey e outros, próximos da ideia do *progressivismo*, começou a tomar conta dos Estados Unidos, desbancando a influência de Herbart. Mas a reação em favor de Herbart, contra os norte-americanos, veio da França. O defensor de Herbart e do que então passou a ser chamado de "ensino tradicional" foi Durkheim.

Entre o final do século XIX e o início do XX, Durkheim empenhou-se em conceituar e, portanto, distinguir o que vinha sob os termos "pedagogia", "educação" e "ciências da educação". A educação foi definida como o fato social pelo qual uma sociedade transmite seu patrimônio cultural e suas experiências de uma geração mais velha para uma mais nova, garantindo sua continuidade histórica. A pedagogia, por sua vez, foi vista não propriamente como teoria da educação, ou ao menos não como teoria da educação vigente, mas como literatura de contestação da educação em vigor e, portanto, afeita ao pensamento utópico. Para Durkheim, o pedagogo *par excellence* era o filósofo Jean-Jacques

Rousseau (1712-1778), que ele via como o criador de uma utopia pedagógica que mais confundia os professores do que os ajudava. Contrariamente, as teorias da educação real e vigente deveriam seguir as ciências da educação. Essas seriam compostas, principalmente, pela sociologia e pela psicologia. A primeira, Durkheim incumbiu de substituir a filosofia na tarefa de propor fins para a educação; à segunda caberia o trabalho de fornecer os meios e os instrumentos para a didática. Esta, então, não seria outra senão a psicologia herbartiana.

Dewey, por sua vez, pertenceu a uma corrente filosófica denominada pragmatismo. Podemos dizer que a contribuição dessa corrente para a discussão filosófica contemporânea foi a contestação da ideia tradicional de verdade. Dewey atacou a noção de que a verdade é simplesmente a correspondência entre objeto representado (em linguagem ou pensamento) e o objeto como ele estaria no mundo, antes de fazermos a representação dele. Ele disse que para falar em verdade ou falsidade deveríamos ver o que faz diferença na prática. A diferença na prática seria o critério para apontarmos para o que é verdadeiro e o que é falso. Insistiu na ideia de que a verdade ou a falsidade de enunciados, pensamentos e teorias deveria ser algo pesquisado no mundo da experiência. Pois o que faz diferença na prática emergiria de nossas experiências e vivências. Assim, a própria filosofia deveria fazer investigações sobre suas perguntas particulares seguindo a experiência. Ora, e o que a filosofia pergunta? Um dos assuntos da filosofia é o conhecimento. A epistemologia é a teoria do conhecimento. Então, investigar o conhecimento para saber como ele é possível e como ocorre deveria ser feito no âmbito da experiência, e não mais da especulação. Onde ocorre aquela experiência especial que é a "emergência do conhecimento"? Do ponto de vista individual, um bom local onde podemos ver as informações se tornarem conhecimento para os humanos é o local institucional de aprendizagem dos humanos. Em nossas sociedades modernas, esse local é a escola. E o momento privilegiado para isso, portanto, é a infância. Assim, fazer pesquisas filosóficas, epistemológicas, para Dewey, deveria ser uma tarefa levada a cabo no âmbito da escola, observando as crianças e propondo melhores métodos para elas. A resposta delas aos métodos iria, é claro, dar condições ao filósofo, transformado então em psicólogo da educação, de elaborar melhor teorias a respeito do conhecimento.

Desse modo, Dewey subverteu a consagrada relação entre filosofia e educação. Em vez de Dewey procurar a filosofia para esta fundamentar a educação, ele disse que a filosofia vivia em um impasse, que não poderia responder às perguntas que fazia e, para sair desse impasse, o melhor seria que ela começasse a observar os objetos que queria investigar; se queria investigar o conhecimento, que fosse até onde ele estivesse ocorrendo; ora, ao menos em tese, esse local seria a escola, o lugar da infância. O importante passou a ser menos o estabelecimento de fins para a educação propostos pela filosofia e mais a averiguação da veracidade de uma filosofia (uma teoria do conhecimento) proporcionada pela observação da educação sistemática ou não. A educação tornou-se, na expressão de Dewey, o "banco de provas da filosofia". A escola, assim, seria o laboratório da filosofia.

Mas Dewey também interessava-se pela educação partindo da ligação desta com a democracia, e com a ampliação da própria possibilidade de todos nós virmos a ter experiências cada vez mais ricas, que é o que é possível em uma sociedade democrática. Então, sua observação da educação veio em sinal de mão dupla: por um lado, ela ajudava a formulação de suas respostas para perguntas filosóficas, principalmente epistemológicas e éticas; por outro, ele, pelo modo que propunha que as experiências educacionais ocorressem para, então, melhor observar a emergência do conhecimento, dava instrumentos para a formulação de uma didática eficaz e, enfim, uma pedagogia mais eficiente. Assim, a filosofia transformou-se em sinônimo de filosofia da educação. E então pedagogia, filosofia e filosofia da educação, na concepção deweyana, tornaram-se, em alguma medida, termos intercambiáveis.

As maiores divergências que envolveram a definição de pedagogia, portanto, no início do século XX, se deram entre Dewey e Durkheim. O segundo, ao tomar o termo pedagogia como sinônimo de filosofia e esta, por sua vez, como o que deveria terminar por se envolver com a utopia, e não com a "realidade educacional", escreveu uma série de textos condenando a pedagogia como um todo. É claro que, em outros textos, ele tentou contemporizar. Optou, então, por dizer que o termo pedagogia, no futuro, até poderia permanecer vigente e aproveitável se viesse a ser construído segundo os pilares da sociologia (da educação) e da psicologia (da educação). Os adeptos do pragmatismo de Dewey não podiam, é claro, concordar com tudo isso. Ele orgulhava-se de ver a filosofia recorrer a instrumentos da ciência e, ao mesmo tempo, não abrir mão de seu posicionamento crítico, negativo e, portanto, utópico. Dewey nunca deixou a filosofia, que ele interpretou como filosofia da educação colocar de lado sua tarefa de ser uma produtora de imagens para o futuro. Portanto, Dewey foi, sim, um filósofo da utopia. E sua utopia era, antes de tudo, uma utopia educacional. Ele não ficava nem um pouco incomodado em ver a palavra pedagogia vinculada à utopia, uma vez que, de fato, para ele, pedagogia era mesmo a filosofia da educação, ou seja, a filosofia. Sua utopia não era uma utopia detalhada, de tipo clássico. Era uma utopia vaga, cujo rumo era dado pela melhoria da sociedade liberal. Mas que era uma utopia, de fato era.

No Brasil, na década de 1930, tanto a literatura vinda da França quanto a vinda dos Estados Unidos foi bem recebida entre nossos grupos intelectuais mais ativos. Aqui, em vez de Dewey e Durkheim serem colocados como adversários, foram articulados. A utopia e a filosofia da educação, por influência de Dewey, ficou sendo um lado da pedagogia; e a análise da realidade social da educação, por influência de Durkheim, ficou sendo o outro lado da pedagogia, ou ciências da educação. O termo pedagogia, entre nós, então, aglutinou o que as correntes no exterior pareciam não querer somar. Todavia, quando a pedagogia tinha de se mostrar, também, um campo nutrido pela psicologia da educação, como Durkheim sugeriu ao menos para a formulação dos meios educacionais, qual psicologia seguir? Se houvesse ortodoxia por parte dos durkheimianos, a psicologia seria a de Herbart. Mas não foi isso que ocorreu. A ideia de Durkheim, de dividir o campo das ciências da educação, vingou aqui, e sociologia da educação e psicologia da educação foram bem valorizadas, mas a psicologia que foi acessada não foi a de Herbart, e sim a de Dewey. O que aconteceu entre nós é que, com Anísio Teixeira e Fernando de Azevedo à frente, foi elaborado o "Manifesto dos Pioneiros da Educação Nova", em 1932, documento que se tornou um clássico da pedagogia brasileira, e o qual incorporou tanto princípios durkheimianos quanto deweyanos. Esse ecletismo foi, entre nós, não um erro, mas um grande acerto. Foi a maneira pela qual Fernando de Azevedo, durkheimiano, conviveu com Anísio Teixeira, deweyano. Por essas trilhas, aprendemos a tomar a pedagogia como um conceito de dupla face.

Dupla face? Sim. Entre nós, no Brasil, aceitamos falar em pedagogia como o que se refere ao trabalho do que seria, tradicionalmente, o da filosofia da educação: o campo que fixa objetivos educacionais com base em valores. Nesse caso, não raro, estabelecemos objetivos difíceis de alcançar, que dependem não só da educação, mas de uma mudança mais geral da sociedade. Então, quando assim fazemos, estamos usando um conceito de pedagogia que toca no conceito de utopia – eis aí o gancho para termos tido no Brasil um pensador da educação como Paulo Freire (1921-1997), apontando para o que seria uma pedagogia de emancipação daquele que foi desenraizado e, por isso, "oprimido". Ao mesmo tempo, muitas vezes, queremos trabalhar com a educação partindo do que entendemos ser a realidade socioeducacional, as necessidades psicológicas das crianças e jovens dos setores mais amplos de nossa sociedade, e então imaginamos poder nos afastar da utopia e desejamos usar uma metodologia científica. Nesse caso, trabalhamos com um conceito de pedagogia que tangencia o conceito de ciências da educação – eis aí o gancho para termos tido no Brasil um sociólogo da educação como Florestan Fernandes (1920-1995), apontando para o que seria uma pedagogia de acordo com uma política educacional voltada para os setores sociais populares.

Dewey e Durkheim foram os grandes responsáveis pela maneira como montamos o conceito de pedagogia e, em determinada medida, o modo pelo qual elaboramos – tenso, mas não de modo errado, ao menos no início – a grade curricular dos nossos cursos de pedagogia, nascidos a partir de 1939.

A INFÂNCIA

Expus "o que é pedagogia" levando em consideração as correntes de pensamento que dissertaram sobre o tema e fizeram vingar suas marcas no Ocidente e, em especial, no Brasil contemporâneo. Neste capítulo, passo para o interior da questão "o que é pedagogia", isto é, observo a pedagogia com base no elemento que deve usufruir dela. Então, volto os olhos para a criança, ou melhor, para o "cuidado com a criança", que é o que está na base do termo pedagogia. Todavia, não faço isso partindo dos gregos antigos, e sim do que interessa a nós mais diretamente, ou seja, como a pedagogia se estruturou no mundo moderno e contemporâneo com base no nascimento de tipos de "sentimento" despertados em relação ao que se tornou algo natural para alguns povos e alguns setores sociais, ou seja, a infância.

Como a conhecemos hoje, a pedagogia possui suas características básicas estabelecidas com o advento do chamado mundo moderno. Fundamentalmente, ela se define a partir dessa noção essencialmente moderna que é a infância. Isto é, a pedagogia, ou melhor, a pedagogia moderna é caudatária de modos de pensar e compreender a criança cujas origens se encontram nos séculos XVI, XVII e XVIII. Esses modos geraram a própria noção de infância, como a temos atualmente. Explico isso a seguir.

Podemos acreditar que desde sempre nós, adultos, olhamos para as crianças e as vimos como pertencentes ao "mundo infantil". Mas quem acredita nisso está errado. A infância, mais ou menos como a conhecemos, é uma noção que não tem mais que quinhentos anos.

No século XVI, na Europa, houve uma alteração dos sentimentos dos adultos para com as crianças. Antes tratadas com indiferença ou por meio da mera "paparicação", a partir dessa época as crianças passaram a ser objeto de discursos que tentaram convencer os pais e a sociedade a abandonar essas atitudes e adotar um comportamento mais racional em relação a meninos e meninas. O filósofo francês Michel de Montaigne (1533-1592) foi um dos vários militantes contra a "paparicação". Dirigindo-se aos pais, argumentou que o tipo de atenção que demonstravam pelas crianças pequeninas, beijando-as e abraçando-as, não revelaria outra coisa senão uma busca de prazer para si mesmos, e não uma disposição de afeto voltada a elas. Assim agindo, os pais estariam se utilizando das crianças para seu entretenimento lúdico, comportamento este que, segundo vários intelectuais da época, deveria ser eliminado. Em seu lugar, deveria haver o reconhecimento da criança como um ser diferente do adulto, merecedor de um tratamento pautado por disciplina racional, única atitude capaz de fazer a criança se tornar um adulto responsável. Eis aí que, ao insistirem nessa alteração de atitude, esses intelectuais estavam, mais ou menos intencionalmente, construindo a *noção de infância* como uma "fase natural" de todos os seres humanos.

Mais tarde, ou mesmo já na época de Montaigne, a escola se reorganizou para se ocupar dessa função disciplinar e instrutiva em favor da criança, contra a "paparicação" promovida no lar. Até então, o que se poderia chamar de escola era mais um depósito de crianças do que de ensino propriamente dito. No início dos tempos modernos, vários homens de letras começaram a imaginar e a construir uma escola de um modo cada vez mais parecido com o que reconhecemos, hoje, como de fato uma escola. Paulatinamente ela passou a ser um local com divisões internas para o estudo e para o lazer, um ambiente regrado por discriminação de séries estabelecidas pelas diferenças de idade e do grau de dificuldade no conteúdo do ensino, certa disposição de tarefas apropriadas a meninos diferente das apropriadas a meninas etc. A "teoria do homúnculo", ou seja, a ideia de que a criança é apenas um homem pequeno, começou a perder espaço para uma ideia mais qualitativa a respeito da singularidade da vida mental e afetiva da criança: disseminou-se a noção de infância, e com ela a pedagogia moderna deu os primeiros passos.

No século XVIII, a ideia da criança como ser singular foi ganhando complexidade. O filósofo genebrino Jean-Jacques Rousseau não se preocupou com a "paparicação"; sua atenção se voltou para o trabalho de estruturação filosófica da noção da infância, com consequências pedagógicas bastante definidas.

Rousseau acreditava que a verdade (de enunciados, teorias etc.) depende de uma disposição de "sinceridade do coração" e, portanto, tem seu berço na intimidade, na privacidade, enquanto na vida pública reina a máscara social, a mera aparência, o que é o falso. No limite, a mentira. Ora, a infância seria a época em que estamos de posse do melhor de nós, porque não entramos ainda em contato com a realidade social e cultural corruptora, e fundamentalmente por isso essa fase da vida deveria ser preservada. A infância seria a fase da vida sobre a qual qualquer esforço pedagógico deveria estar direcionado para o cultivo da intimidade e, digamos assim, para o cultivo do coração, do que é natural no homem e de onde poderiam vir os melhores frutos. Uma vez adulto, o homem seria melhor se tivesse guardado da infância tudo que é natural, absorvendo o mínimo possível as imposições culturais, fatores de alienação do homem.

Em seu romance filosófico-pedagógico *Emílio ou Da educação* (1762), Rousseau escreveu que o garoto Emílio, antes de olhar em microscópios ou telescópios, deveria inventá-los. É claro que isso não deveria ser tomado ao pé da letra; era uma forma metafórica de crítica ao modo pelo qual os intelectuais de seu tempo valorizavam a cultura e como queriam educar as crianças para a manutenção daquela sociedade. O que ele queria dizer é que a pedagogia deveria cultivar o que já estava se tornando o que consideramos o elemento íntimo *par excellence*, a criatividade, ou seja, nossa capacidade de não aceitar o convencional, o social, afastando-se dele uma vez que teríamos lugar melhor, o campo natural, o campo de nossa própria natureza interna ou natureza humana. Nada mais moderno e burguês que o apreço pela privacidade. A pedagogia inaugurada na esteira de Rousseau passou a trabalhar, muitas vezes, de modo confessional. Passou a premiar a relação íntima e a disciplina interior, autônoma e não heterônoma. Privilegiou a criança como *indivíduo*.

Esses dois momentos, o do século XVI e o do XVIII, o de Montaigne e o de Rousseau, constituíram a base da construção da ideia de infância. Deram força ao pressentimento do homem moderno de que, se de fato a infância era uma época especial de cada ser humano, haveríamos de preservá-la, de fazê-la acontecer e, para tal, necessitaríamos evitar interferências desastrosas no que passou a ser chamado de "o mundo da criança". A escola foi reorganizada para ser o "mundo da criança". Nenhuma outra instituição foi construída com outra finalidade, nos tempos modernos, como a escola. Nela, as intromissões não poderiam ser feitas em nome do "mundo lá fora", mas, ao contrário, o "mundo lá fora" é que estaria errado no tratamento das crianças (ou talvez errado de modo geral) e, portanto, deveria mudar. Inclusive o lar e toda a vida pública deveriam mudar. Daí a insistência dos que passaram a dirigir a escola, nessa época, em fazê-la estender seus poderes até o lar. Em alguns lugares ela conseguiu esse intento com certo êxito. Regras internas de colégios passaram a influenciar de modo decisivo regras externas, até mesmo regras da vida da cidade. Não foram poucos os colégios que fizeram suas regras internas ser relativamente obedecidas como políticas da cidade, ao menos em relação às crianças e aos jovens. Tal êxito normativo pode ser observado, hoje, no comportamento dos setores médios de nossa população atual. Afinal, o que atualmente chamamos de classe média faz do quarto das crianças um pequeno escritório para afazeres escolares. A escola, ou melhor, a pedagogia, passou a comandar a própria arquitetura de nossa casa. Além disso, nossa sociedade passou a ser dirigida, por meio da legislação liberal, no sentido de mandar seus filhos à escola. Às vezes até de modo exagerado, nossa sociedade é constrangida por leis que ela própria faz, a fim de forçar os indivíduos a compreender a existência da infância e sua ligação com a escola, ou simplesmente de compreender a infância em um sentido exageradamente rousseauniano. Isso se fez presente nas cartas liberais de direitos humanos de onde derivaram as cartas de direitos da criança e, enfim, o que aparece disseminado socialmente no ditado popular "Lugar de criança é na escola". Assim, a pedagogia que nasceu com os tempos modernos, em certo sentido, objetivou apartar a criança do lar, do trabalho, enfim, da chamada realidade.

Ao lado da construção rousseauniana da noção de infância, seguiu seu curso a construção dessa noção levada a cabo pelas correntes filosóficas do racionalismo francês, com René Descartes (1596-1650) à frente, e do empirismo britânico, com John Locke (1632-1704) como protagonista. Essas formulações tiveram início antes do romantismo de Rousseau, e sobreviveram a ele, tornando-se suas concorrentes.

As filosofias inspiradas em Descartes e Locke viram a noção filosófica de "homem natural" e, portanto, a criança como o exemplo vivo e real mais próximo dessa abstração, não como um "anjo na terra". Tais filosofias também não quiseram acreditar que a natureza é fonte de benefícios e a cultura, capa de alienação. Diferentemente, essas filosofias tenderam a ver a razão que investiga o mundo por meio da especulação (Descartes) ou da experiência (Locke), como a razão adulta – a razão em sua mais plena acepção – e jamais imaginaram que poderia haver algo como uma protorrazão, na criança, que deveria ser mais respeitada que eliminada. A infância não guardaria benefícios a serem preservados. Ao contrário, a infância seria uma época na qual todo tipo de imaginação e apelo ao não racional estaria efervescente e, portanto, teria de ser controlado. Não raro, o castigo físico poderia ser empregado. Locke, inclusive, detalhou posições e modos de espancar *pedagogicamente* uma criança; é claro que em benefício desta e em favor do ensino.

Essa ideia do uso da disciplina rígida, até mesmo baseada na força física, como uma pedagogia necessária para a infância, tornou-se mais presente na Europa do que na América. Os Estados Unidos foram mais receptivos a Rousseau, inclusive por causa de John Dewey. Mas o que estava na base dessa forma de disciplina que alimentou a pedagogia inspirada em Descartes e Locke? O melhor modo de entender isso é observar a "teoria do erro" de Descartes.

O que faz com que alguém erre em seus julgamentos de conhecimento? Ao tentar responder a tal pergunta, na quarta de suas "Meditações metafísicas", Descartes formulou um dos principais pilares da pedagogia moderna. Ele deu uma resposta enfática e convincente para sua geração de intelectuais e para muitos pensadores posteriores a ele: nossa mente funciona por meio do trabalho de duas faculdades, o entendimento e a vontade, e o erro é produzido pelo atropelamento da vontade sobre o entendimento, apressando o juízo. Explico a seguir em mais detalhes.

Descartes viu o entendimento como a faculdade intelectual finita responsável pela formulação de juízos que, enfim, explicitam o conhecimento, definido desde Platão como "crenças verdadeiras justificadas". Em princípio, portanto, o entendimento não teria por que cair no erro. Ainda que limitado, pois finito, isto é, humano, o entendimento não teria motivo para não ser capaz de produzir juízos confiáveis, verdadeiros. Descartes também viu, no entanto, a atuação da vontade, isto é, o trabalho de outra faculdade do homem. Esta seria uma faculdade infinita; exatamente o que teríamos de semelhança com Deus. Por não ter limites, a tendência da vontade seria impulsionar o homem a fim de levá-lo a tomar decisões com base nos elementos do mundo, em acordo com a primeira visão dada pelo entendimento. O erro seria, então, a adoção de um juízo equivocado por causa da pressa da vontade de ir por um caminho, não permitindo ao entendimento seguir um método menos voluptuoso. Como, então, evitar o erro e aprender mais? Simples: controlando a vontade. Quando se é criança e, então, a vontade ainda não se fez limitada, não há nada melhor para evitar que a vontade atropele o intelecto do que propor "passos para o domínio e a disciplina" do entendimento. Descartes nunca disse que, nesse seu procedimento, um adulto deveria constranger a criança, com força física, para que ela viesse a seguir seus passos. Mas Locke, por sua vez, fez isso. Pois ele, sim, escreveu uma obra mais diretamente pedagógica. O uso do "látego" passou a ser tão importante quanto os próprios procedimentos mentais capazes de formar a disciplina interior, que nada mais seria do que a disciplina da vontade, para que ela desse ao entendimento condições de seguir seu caminho.

Montaigne, Locke, Descartes e Rousseau foram filósofos adeptos da ideia da existência da "natureza humana". Assim, apesar das divergências, eles comungaram da ideia de que há algo no ser humano, desde sempre, impermeável à história. A tendência desses pensadores foi a de ver na ideia de infância, então, um elemento natural, ou seja, uma fase natural. Isto é, toda e qualquer criança passaria pela infância, pois a esta começou a ser vista como uma fase de desenvolvimento físico, mental e moral, não apenas uma época. Antes deles era difícil que alguém acreditasse na existência da infância como uma fase da vida de todo ser humano. Com eles é que, depois, começou-se a estruturar uma psicologia que foi subdividindo a vida humana, dando origem, então, ao que denominamos "psicologia do bebê", "psicologia da criança", "psicologia do adolescente" e assim por diante.

No século XIX, no entanto, a tendência foi a de colocar a história no interior dessas explicações que a tudo naturalizavam. O filósofo George F. W. Hegel (1770-1831) insistiu para que tomássemos a história mais seriamente quando quiséssemos falar qualquer coisa do homem. No caso da infância, podemos notar essa tendência, talvez, menos pela obra da filosofia e mais pela da literatura. O conto "Pinóquio", de Carlo Collodi, deixou-nos um exemplo interessante sobre o assunto. É o que abordo no capítulo seguinte.

IV
PINÓQUIO

Carlo Collodi, na verdade Carlo Lorenzini (1826-1890), foi jornalista e escritor italiano. Ele obteve sucesso com jornal para adultos e, então, arriscou um empreendimento inédito na Itália: criou um jornal para crianças. Nele, publicou a *Storia di un burattino* (História de um boneco). Já era, então, o que ficou conhecido mais tarde como *As aventuras de Pinóquio*. Boa parte de nós conhece o personagem menos pelo conto e mais pelas versões que se espalharam e, talvez principalmente, pela versão feita para as telas do cinema, elaborada pelos estúdios do genial Walt Disney (1901-1966), em 1940. Talvez seja um dos contos que a empresa de Disney menos "atualizou". A maior parte dos traços do texto de Collodi permaneceu na versão do cartunista e escritor infantil Autrelio "Aurie" Battaglia (1910-1984), que o adaptou para a animação do estúdio norte-americano. O enredo é conhecido por todos e, sendo assim, não vejo nenhuma necessidade de expô-

-lo aqui. Portanto, o que faço a seguir é apresentar uma leitura do texto já sob a minha ótica interpretativa, de modo a colaborar com a explicação que dou de como a noção de infância, antes pautada pelo naturalismo, ganhou aspectos dados pelo historicismo, um movimento intelectual típico do século XIX.

Gepeto é o velho marceneiro que sempre quis ter um filho, mas que não teve sorte no empreendimento. Então, para afastar a solidão, e na busca do filho, criou um boneco de madeira – feito por suas próprias mãos, com sua habilidade reconhecida na cidade. O que ocorre é que as preces de Gepeto para que Pinóquio tivesse vida são atendidas pela Fada. E eis então que tudo começa. Como sempre acontece nos contos, tudo se faz por fases e por façanhas, quase determinadas pelo encantamento posto por fada ou bruxa; o encantamento depende de algumas tarefas desempenhadas pelo próprio encantado para se realizar plenamente. Assim, Pinóquio ganha movimentos, uma quase-vida, mas não deixa de ser um boneco. Não ganha, de início, os aspectos completamente humanos e, sobretudo, não recebe uma consciência própria. O Grilo Falante é eleito sua "consciência". Afinal, a ideia de que a consciência é um grilo que nos fala "quase dentro de nossa cabeça" é altamente moderna, e a metáfora é excelente. Collodi foi feliz ao explorar as fases do trabalho que a Fada determina para que Pinóquio possa vir a ser agraciado com um segundo dom, para então se tornar "menino de verdade". A Fada determina a Pinóquio que seja bom, não seja mentiroso e, enfim, que sempre escute e obedeça a seu pai, Gepeto. Nada além disso. Assim, a tarefa de Gepeto e, portanto, do Grilo Falante, dali em diante, é a de conduzir Pinóquio no rumo das atividades que viessem a tornar Pinóquio merecedor de ser um "menino de verdade". Caso ele, Pinóquio, tivesse sucesso nesse caminho traçado pelo pai, com a ajuda do Grilo, ele deixaria de ser um "pedaço de pau falante" e se tornaria um "menino de verdade". É interessante notar que Gepeto não tem dúvidas a respeito de qual passo dar em seguida. Ele vende seu casaco e com o dinheiro que consegue compra cartilha e caderno para Pinóquio. Ser um "menino de verdade" e, portanto, fazer o que a Fada havia determinado não é algo impossível, há um caminho para tal: a escola. Ali, na escola, estão os "meninos", os "de verdade". Pinóquio só deixaria de ser um objeto da *natureza*, um pedaço de madeira, se entrasse para o lugar que faz a *história* da infância ocorrer. Assim, Collodi apresenta-nos uma visão em que a infância não é algo completamente natural. Ela depende de instituições histórico-sociais para se efetivar. A escola é essa instituição. Gepeto, então, não poupa esforços para levar Pinóquio para a escola.

Na escola não há uma placa: "não aceitamos bonecos de pau". Nada disso. A escola, uma vez na cidade, é o local em que não se pergunta se alguém pertence ou não à infância para estar ali. Declarado que um ser é uma criança, ou seja, tendo cartilha e caderno embaixo do braço, aquele que aparece ali na escola da cidade de Gepeto é criança, estudante, e então pode entrar. É ali dentro, e não lá fora, que a fase da vida chamada infância ocorrerá. Ocorrendo a infância, Pinóquio então poderá esperar que surjam chances para ele sempre ouvir seu pai e nunca mentir. Eis que estará no ambiente, e nas condições, de ser "menino de verdade". Talvez nem fosse mais necessário a volta da Fada, tudo poderia ocorrer naturalmente.

É claro que a história tem sua parte de aventura, mas isso não é algo aleatório, feito para "dar mais enredo". É o cerne do conto. A aventura é dada justamente pelos vários momentos em que Pinóquio ouve menos sua consciência (a "verdade interior", soprada pelo Grilo) e mais os outros – o Gato e a Raposa, por exemplo –, os elementos históricos que o desviam do lugar de sua própria história, que é a escola. Há um momento que Pinóquio chega mesmo a quase se "naturalizar para sempre", mas não na forma humana, e sim de asno – o que reforça a metáfora da escola como meio histórico necessário para as crianças passarem a infância. Fora dela, da escola, as crianças caem em um mundo que é o inferno da escravidão. Mas ao final, ao salvar o pai da Baleia, o boneco mostra outra característica humana, surgida historicamente, na história de vida do Pinóquio e, enfim, de cada um de nós: a bravura e a determinação. Eis que ele é agraciado com a condição de "menino de verdade". Eis que ele, então, volta para a escola, como se o processo não tivesse acabado, apenas começado.

Os filósofos anteriores ao século XIX não poderiam compreender muito bem Pinóquio. Mas no século de Hegel, o XIX, muitos leitores gostaram de Pinóquio e o conto chegou ao século XX como um clássico. Entrou para o que passou a ser chamada de "literatura infantil". Deveria ter entrado também para o que chamo de literatura filosófica. Pinóquio foi o primeiro exemplo de como a infância, ainda que alguns atribuam a ela a condição de "fase natural", pode não ocorrer se as condições históricas para tal não são postas. A escola, no século XIX, tornou-se de fato o lugar histórico-social onde a infância é engendrada. A pedagogia, por sua vez, cada vez mais, passou a ter de entender como esse acontecimento se dá para se colocar como a atividade de condução da criança para o ensino. À pedagogia coube o papel da Fada. Tem de vir com a vara de condão para dizer: "Tudo bem, garoto, agora que sei que é capaz de cumprir com as determinações que cumpre um menino de verdade, então eu o declaro um menino de verdade". A pedagogia, na escola, é a Fada. Ela tem o poder de dizer quem é criança e merece a infância e quem não é criança e não merece a infância. Ela tem o poder de batizar alguém como *digno* da infância ou não.

O debate sobre quem é criança e tem infância e quem não é e não tem é, sem dúvida, em boa medida o debate entre os que estão em disputa na conhecida polêmica "trabalho *versus* escola". Esse debate não poderia ser possível se a infância não fosse tomada como algo histórico. Alguns acreditam que ela, ainda que seja natural, pode ser saltada para o bem ou para o mal. Então, há toda uma polêmica, que envolve a pedagogia, sobre o papel da Fada. Mandamos a Fada embora, de modo a poder saltar uma etapa? Ou ficamos esperando a Fada, para batizar as crianças como "de verdade"? A segunda alternativa seria como dizer para as crianças: "Agora vocês estão passando a infância, aproveitem aqui a escola, o lugar de vocês".

TRABALHO

Um dos grandes problemas da estruturação da pedagogia no século XX surgiu com o advento e, depois, com a crise do "mundo do trabalho". Até o início do século XVIII não tínhamos uma "sociedade do trabalho" como viemos conhecê-la nos séculos XIX e XX. Portanto, quando surgiram as primeiras pedagogias modernas, o trabalho livre, industrial e comercial, como o conhecemos hoje, não era algo que conduzia todos na sociedade. A parte letrada da sociedade não trabalhava. Ou, ao menos, não trabalhava segundo nosso entendimento moderno de "trabalho". E justamente essa parte foi a que recebeu a discussão filosófica a respeito da infância e da pedagogia, em especial as preleções sobre o assunto levadas adiante pelos pensadores dos séculos XVIII e XIX. Todavia, após o século XIX, a educação e, portanto, as questões pedagógicas, chegaram aos que trabalhavam. Além disso, no século XX, mesmo os que ainda não trabalhavam, já estavam imersos em um mundo cujas determinações, valores, horários e organização de vida passaram a ser regidos pelo trabalho. A chamada Revolução Industrial do século XIX adentrou o século XX com toda a sua força. Com ela, todos os países vieram, uns mais e outros menos, a adotar formas mais democráticas de vida; isto é, todos se tornaram adeptos da chamada "vida moderna" ou do "modo burguês de vida". Muitos foram os que viram seus filhos envolvidos, então, nesse dilema entre trabalho-e-estudo *versus* trabalho-ou-estudo. Assim, eis que surgiu o trabalho como o amigo e o inimigo da pedagogia. Essa relação de amor e ódio permeou todo o século XX, o século da "sociedade do trabalho".

A sociedade do trabalho é aquela em que a vida dos indivíduos é pautada, quase exclusivamente, pela maneira como eles organizam o trabalho. Nossas sociedades, a partir do final do século XIX, tornaram-se sociedades do trabalho. Todos passaram a ser vistos ou como quem oferece empregos ou como quem precisa de emprego. Ninguém desconhece a maneira pela qual começamos a nos ver e a nos descrever no século XX, isto é, como patrões e empregados, além de qualquer outra descrição. Ninguém desconhece o fato, também, de que "ser trabalhador", isto é, ter um registro em uma organização ou empresa como "funcionário", passou a ser sinônimo de "honesto", aquele que não está "à toa" nas ruas, que não precisa roubar ou se aproveitar desonestamente de outros. Poucos foram os que mantiveram a velha ideia da nobreza e do clero de que trabalhar é algo negativo, depreciador. Assim, em apenas um século, os chamados "valores do mundo burguês" triunfaram completamente sobre os "valores do mundo nobre", ou seja, do mundo comandado pela forma de vida do Antigo Regime. Viver de "rendas" ou na "dependência de outro", que no século XVIII era uma condição positiva, no século XX se transformou em sinônimo de parasitismo social, algo nocivo. Isso atingiu os homens diretamente. No final do século XX, já havia também tragado as mulheres. O século XX, inclusive, deu tanto valor ao trabalho que todas as suas utopias, ao menos até quase seu final, se fizeram da imaginação a respeito de como o trabalho poderia ser reorganizado. O comunismo, o socialismo, o fascismo, o nazismo e o liberalismo foram doutrinas que visaram a criar uma nova sociedade, e os traços imaginários e até utópicos dessas doutrinas estiveram centrados na maneira de organização do trabalho. Independentemente de suas diferenças, todas essas doutrinas tiveram em comum o sonho de arrumar um modo ótimo de dispor as relações entre indivíduos que trabalham sob ordens, indivíduos que trabalham dando ordens e o Estado que, por sua vez, organiza politicamente o modo legal desses dois tipos de indivíduos conviverem. Não à toa, portanto, a partir do final do século XIX e durante todo o século XX, a pedagogia teve de lidar com o trabalho.

Por obra da sociedade do trabalho a pedagogia teve de lidar com algo que o humanismo dos séculos XVI, XVII e XVIII podia desconsiderar, como de fato desconsiderou: as relações entre a criança e o trabalho.

Os que se envolveram com a pedagogia, no início do século XX, tenderam a advogar algum tipo de "escola do trabalho" ou, menos incisivamente, de "pedagogia ativa". Então, a polêmica não tardou a surgir: mas, afinal, se o trabalho é um valor positivo, não devemos usá-lo, ele próprio, como pedagogia? E se é positivo como pedagogia, qual a razão de tirarmos as crianças do trabalho? E se temos de tirar as crianças do trabalho, pois parece que o trabalho pode atrapalhar a infância, não seria o caso de introduzi-lo, mitigado ou transformado, no âmbito da própria escola? Não seria o caso, então, de montarmos uma "pedagogia do trabalho"? Essas questões estiveram na cabeça de boa parte de pensadores na transição do século XIX para o XX.

Uma resposta para essas questões foi dividir o trabalho em "trabalho propriamente dito" e "atividade". O "trabalho propriamente dito" ficaria como pedagogia para os pobres ou "classes obreiras", ou como guia de uma educação que seria a do próprio trabalho fabril ou comercial ou, então, como pedagogia efetiva em escolas que viessem a ser estabelecimentos de ensino técnico, voltados para a profissionalização mais imediata. A "atividade", por sua vez, ficaria com os filhos dos menos pobres, desenvolvida como pedagogia escolar, ou como imitação do trabalho ou atividade lúdica. Veio a calhar para tal solução, portanto, a ideia dos novos psicólogos, que advogaram que a aprendizagem só ocorreria em situação de "atividade". Eles desenvolveram uma psicopedagogia bastante apropriada às diretrizes de nossos tempos, os tempos regrados pelo mundo do trabalho.

Essas postulações psicopedagógicas defensoras dos "métodos ativos" se voltaram contra a pedagogia de Herbart, acusada de "intelectualista" e defensora de um "método passivo". Tais inovações psicopedagógicas culminaram, ainda na primeira metade do século XX, com as pesquisas de Jean Piaget (1896-1980). O biólogo e psicólogo suíço não foi o responsável pela "pedagogia ativa"; esta, na verdade, surgiu bem antes dele, na transição dos séculos e, de certo modo, já estava presente na agenda educacional de Rousseau. Todavia, Piaget estabeleceu as bases para a ideia de "pedagogia ativa" de modo bastante convincente. Muitos psicólogos do século XX advogaram que a criança só poderia aprender com atividades – atividades físicas. O centro da psicologia piagetiana veio em favor dessa ideia, dizendo que o animal humano, ao iniciar sua vida mental, o faz por meio de seu aparato sensório-motor. O nosso desenvolvimento psicológico caminharia da atividade física para a atividade intelectual, de modo que a infância não seria apenas uma fase cronológica de nosso desenvolvimento, mas uma fase especial de desenvolvimento mental-intelectual e moral. Na infância estaríamos fazendo, em termos práticos e efetivos, no campo sensório-motor, o que depois, já jovens ou adultos, faríamos em termos puramente mentais. Todo o nosso desenvolvimento seria nada mais nada menos do que um processo, por meio de fases, de internalização do que em um primeiro momento teríamos feito da maneira sensório-motora, isto é, por nosso corpo, nossas mãos. Nossa vida intelectual e moral, isto é, nossa vida mental, nada seria senão o resultado de um processo de transformação de atos físicos que, por meio de internalização, viria a se realizar como ato mental. Cortar a infância e a atividade física, isto é, sensório-motora, inerente ao que seria próprio dessa idade, produziria um adulto menos capaz mentalmente, alguém com defeitos nos julgamentos intelectuais e morais.

Essas conclusões de psicólogos ligados direta ou indiretamente a Piaget foram o reforço de que a "pedagogia da atividade" precisou para ganhar mais adeptos. Além disso, no decorrer do século XX, inclusive pela disseminação dessa psicologia, não foram poucos os que passaram a defender "os direitos da infância", em especial o direito de se livrar do mundo do trabalho real, pois esse não contribuiria com a necessidade de "atividade livre" da criança, como forma de garantir a infância. Ao mesmo tempo, muito dessa psicologia caminhou para dar ênfase a uma escola que trouxesse o trabalho para seu interior. Na verdade, esse debate nunca conseguiu chegar a um meio-termo ótimo. Nunca foi possível no Ocidente, tanto nos países capitalistas quanto nos socialistas, ao menos no século XX, a criação de uma escola que eliminasse a tensão entre a ideia de privilegiar a atividade e o trabalho e, ao mesmo tempo, a premente necessidade de afastar a criança do mundo do trabalho real.

Alguns imaginaram que o regime político do socialismo poderia romper com essa tensão. Assim, nos países socialistas, sendo eles, ao menos em tese, "repúblicas de trabalhadores", o trabalho e a atividade não seriam tão diferenciados. O trabalho, no socialismo, não seria algo desgastante e não estaria em contraposição à atividade, que seria o trabalho já adaptado ao mundo infantil. O trabalho, uma vez no mundo socialista, estaria livre de seus atributos negativos, e entraria na escola por meio de uma pedagogia que foi chamada por certos educadores de "pedagogia da politecnia". A atividade politécnica, tanto prática quanto teórica, deveria ser o cerne dessa pedagogia socialista. No entanto, o próprio Piaget, quando escreveu a pedido da Unesco a respeito da educação no mundo, lembrou que a "pedagogia ativa", fosse ela desenvolvida de modo a privilegiar a atividade lúdica ou de modo a trazer o trabalho para o interior da escola, tinha mais adeptos nos países capitalistas do que nos países então regrados pelo chamado Bloco Soviético, os países socialistas. Nos países socialistas, Piaget então notou, os "métodos tradicionais, mais verbalistas e tendentes do cultivo da passividade", eram os preferidos.

Há uma literatura pedagógica imensa sobre as questões que envolvem as relações entre desenvolvimento psicossocial, atividade e trabalho. Durante um momento da educação no Ocidente, tivemos a impressão de que tudo que tínhamos de resolver em pedagogia estava atrelado a tal discussão. Todavia, de modo muito brusco, as alterações econômicas, sociais e políticas dos últimos vinte anos do século XX colocaram essa literatura como coisa do passado. É que o final do século XX assistiu a uma clara crise da sociedade do trabalho. O trabalho como elemento capaz de regrar nossas vidas não desapareceu, é claro. Mas o século XXI não nasceu sob a determinação da sociedade do trabalho. O trabalho tornou-se escasso, o trabalho fixo e com os direitos trabalhistas regidos pelas cartas constitucionais da social-democracia praticamente desapareceu do mundo ocidental, a "realização no trabalho" se tornou algo estranho de ser almejada como sinônimo de felicidade, as utopias de reorganização do trabalho não trouxeram ganhos reais em termos de melhoria de vida ou de bem-estar e, enfim, uma série de conquistas tecnológicas tem dado aos jovens do início do século XXI um mundo completamente diferente do que foi o mundo de seus pais e avós. O mundo que eles herdaram, com mais Bill Gates e menos Fidel Castro, tem levado os jovens a imaginar que "há algo melhor além do trabalho", ainda que todos queiram, de alguma forma, um trabalho para "sobreviver". No âmbito das ciências humanas, acompanhando toda essa movimentação, desde o final dos anos 1970, outro elemento começou a ocupar o lugar do trabalho como possibilidade de se tornar um paradigma para a vida humana. Esse elemento nada mais é que a linguagem. Não à toa a pedagogia, já no final do século XX, começou a se envolver menos com "atividade" e "trabalho" e mais com "linguagem" e "comunicação". É o que comento no capítulo seguinte.

LINGUAGEM
VI

Vivemos uma revolução que ainda não se completou, a revolução darwinista. Charles Darwin (1809-1882) contou a todos algo que vários de nós ainda acham novidade: que somos seres da natureza de um modo muito mais profundo do que conseguimos imaginar. Não somos seres que estão na natureza e um dia, por meio de algo como a posse da capacidade de nos livrarmos de nossos corpos, poderemos escapar de um mundo que sujamos e estragamos. Não! Não temos um cérebro que contém uma mente e esta, então, estaria em conexão com algum outro mundo, capaz de em algum momento se ver livre deste mundo terreno que habitamos. A teoria da evolução de Darwin veio nos mostrar que nosso cérebro nada mais é do que um desdobramento de aparatos cognitivos menos desenvolvidos, também presentes em outros seres da natureza, até mesmo em alguns que matamos até à extinção. Entramos no século XXI com a clareza de que fomos gerados pelo planeta Terra, mas que nossa presença na Terra pode desaparecer não *só* por uma guerra nuclear, como até bem pouco tempo achávamos que poderia ocorrer, mas por agressão contínua a nosso lar. Nós mesmos fizemos tudo para tornar inviável a Terra como nossa casa e, talvez, tenhamos de deixá-la mais cedo do que imaginávamos – todos juntos, para habitarmos lugar algum. Não sabemos se seremos inteligentes o suficiente para reverter, a nosso favor, o caos que criamos na Terra, por nossa influência na natureza de um modo que nenhuma outra espécie levou adiante. Muito do que fizemos foi por causa do que já éramos, antes mesmo de sermos "os humanos". Fomos frutos de um processo evolutivo que veio do interior das espécies que habitaram o planeta antes de nós. Nosso erro foi não ouvir Darwin e perceber que o que ele dizia não era apenas que tínhamos nos desenvolvido de outras espécies, mas que tínhamos nos desenvolvido como elementos tão naturais quanto nossa própria casa, o planeta. Não levando a sério tal verdade, acabamos não percebendo que tudo o que fizéssemos contra nosso chão estaríamos fazendo contra nós mesmos.

    Todavia, se conseguirmos sobreviver, se nos próximos anos tivermos determinação para evitar os efeitos do "aquecimento global" e deixarmos como ameaça futura contra nós *apenas* aquelas que desde sempre tivemos, a das guerras entre nós, os homens, então poderemos usufruir de um novo modo de contar com as descobertas de Darwin. Pois o que temos feito no início do século XXI é exatamente isso: retomar o paradigma de Darwin e, agora, desvinculá-lo da noção de trabalho para associá-lo à noção de linguagem.

Estamos deixando o paradigma do trabalho como elemento capaz de caracterizar o homem e temos caminhado a passos largos para adotar o paradigma da linguagem. Como isso tem-se dado?

Boa parte dos filósofos e dos intelectuais atuais não tem qualquer dúvida sobre o quanto Darwin está certo e todos os outros, que se opuseram a ele, errados. Intelectuais mais ou menos do mesmo tipo, no passado, na transição do século XIX para o XX, quiseram homenagear Darwin associando as determinações do mundo do trabalho ao que ele havia dito sobre nós. Assim, Friedrich Engels (1820-1895), o parceiro de Karl Marx (1818-1883), produziu uma série de escritos que envolviam uma história de nossa evolução natural, no qual o polegar era o principal herói. Engels foi bastante engenhoso ao centrar sua atenção, segundo a antropologia de sua época, no desenvolvimento da mão humana. Tínhamos desenvolvido o polegar de modo bastante diferente do de outros parceiros, habitantes da Terra. Descrevemos a nós mesmos, portanto, por meio de uma imagem em que figuramos como capazes de lidar com instrumentos; mostramos-nos tendo deixado nossos primos primatas para trás por termos sido capazes de segurar objetos de um modo diferente e, então, de utilizar peças como instrumentos e, depois, de fabricar peças que seriam instrumentos. Essa imagem de nós mesmos dizia que havíamos nos tornado homens por conta de nossa capacidade fabril, de nosso trabalho. Isso esteve de acordo com boa parte da antropologia da transição do século XIX para o XX.

Uma antropologia de fundo marxista passou a ver qualquer túmulo de um suposto "elo perdido" como de fato sendo os indícios de um ser em estágio interessante na evolução se, junto do túmulo, houvesse algum vestígio de instrumento de caça ou algo parecido. Marx, ele mesmo, sempre associou essa imagem do homem, a de um ser capaz de fabricação, à capacidade de pensamento prévio, em articulação ao que seria o uso de uma mão especial, dotada de um polegar que pode se contrapor a todos os outros dedos. Ele nunca acreditou que já poderíamos viver como humanos, em um passado remoto, se não fôssemos capazes de projetar em pensamento o que queríamos fazer com as mãos. Por isso, ele manteve como destaque de nossa espécie o fato de que o pior engenheiro seria melhor do que a melhor das aranhas. A melhor das aranhas, aquela capaz de construir a teia perfeita, não teria projetado antes, em sua mente, o que deveria fazer na prática. O homem, por sua vez, sim, sempre seria alguém capaz de projetos mentais, mesmo que para a construção de um edifício bem rústico. A associação entre desenvolvimento do pensamento e desenvolvimento do polegar e da mão nutriu por anos a antropologia como um todo, bastante influenciada pelo marxismo. O paradigma do trabalho forneceu os contornos para a descrição que pudemos, então, fazer de nós mesmos. Em outras palavras: em uma época em que o trabalho passou a ser um valor positivo, nada mais interessante que achar como marca de nossa espécie o fato de sermos aqueles que trabalham, que projetam mentalmente o que querem fazer com o mundo exterior e, tendo aptidão física – manual – para tal, executam seus projetos.

Continuamos a acreditar em Darwin – cada vez mais. Mas a imagem que estamos construindo de nós mesmos, atualmente, já não precisa mais ser a projeção de um homem que trabalha. Não vivemos mais em uma sociedade do trabalho e, portanto, não há qualquer interesse de nossa parte em imaginar nossos antepassados hominídeos como trabalhadores.

Nossa homenagem a Darwin, hoje, é bem outra. Nossa antropologia, atualmente, apela mais para a anatomia comparada, para testes científicos que buscam datar a capacidade de nossa cavidade bucal e das mandíbulas de produzir sons. Procuramos vestígios de uma anatomia capaz de conter cordas vocais. Tudo o que possa revelar um ser capaz de falar, de produzir sons que venham a dar chance de chamarmos, com alguma boa vontade, de linguagem, é melhor indício, hoje, do que qualquer fóssil de estágios do polegar. Não conseguimos mais, atualmente, imaginar que nossos antepassados fizeram instrumentos individualmente, sem estar antes em bando e, portanto, exercendo a comunicação, tendo uma linguagem.

Esse modo de entender nosso passado remoto implica vermos a linguagem de um modo específico. Como vemos a linguagem?

Não imaginamos a linguagem, hoje, como um conjunto de sons que se relaciona com signos e significados e, por isso, seria aquilo que teríamos de chamar de linguagem. Não se trata mais de uma semântica baseada na teoria da referência que garante a existência de uma linguagem. Temos, atualmente, uma noção de linguagem como comunicação. Por isso, procuramos sinais de que houve entre os seres do passado o que denominamos comunicação. Não a comunicação estereotipada, que poderíamos atribuir a formigas, por exemplo, mas a comunicação entre grupos distintos de "bípedes sem penas". A linguagem, assim vista, é algo nosso, de nossa vida natural, e desse modo é assumida como foi assumido o trabalho. Mas ela, a linguagem, não é algo fixo, ela é algo dinâmico, ou seja, é a comunicação que acontece-como-comunicação. Sendo assim, se notamos que foi possível a comunicação entre seres que denominaríamos "elos perdidos", votamos neles como bons candidatos a serem efetivamente antepassados do animal que nos tornamos, ou seja, "o bípede sem penas".

Fazemos isso, dessa maneira, porque não importa mais o trabalho como um paradigma para avaliarmos quem somos. Não importa mais o modo pelo qual o marxismo dizia que o homem deveria ser definido. Não estamos dizendo que a "natureza humana", agora, é a de que somos "seres de linguagem". Pois, de fato, deixamos de lado a noção de "natureza humana". Estamos menos preocupados, atualmente, com algo como uma "natureza humana", mas ainda precisamos descrever a nós mesmos para podermos lidar conosco individual e coletivamente. Então, temos acreditado que a descrição melhor que fazemos de nós mesmos é a de nos percebermos como aqueles que se comunicam. A linguagem é, portanto, o elemento para o qual olhamos, de modo a podermos pensar em um retrato mais condizente de nós na atualidade, segundo um paradigma que não é mais o do trabalho. Pois é sempre assim que fazemos: projetamos no passado nossa descrição que melhor se adapta ao que imaginamos ser hoje; então dizemos que sempre fomos mais ou menos assim, como somos agora.

Tal novo paradigma, uma vez adotado, altera profundamente nossa filosofia e nossas ciências humanas, sempre zelosas de fornecer uma imagem de nós para nós mesmos que possa ser útil. A pedagogia já foi influenciada por esse movimento de redescrição de nós mesmos. Também ela notou que estamos trocando de paradigma. Ela já tem sido instigada por estudos que privilegiam a linguagem. Ela própria, inclusive, tem-se voltado para métodos de alfabetização que, enfim, são parte da atividade dos que geraram linguagem e a sofisticaram. Alguns filósofos da educação e pedagogos já sentiram que cada vez mais o ensino deve observar melhor os processos comunicacionais.

Assim, do modo que o século XX foi o "século de Marx" o século XXI, ao menos em seu início, começa a se colocar como o século de filósofos como Donald Davidson (1917-2003), Richard Rorty e Daniel C. Dennett – todos os que apostaram na ideia de linguagem como comunicação ou, ao menos, filósofos que advogaram que a linguagem e os processos cerebrais estão conectados de tal modo que não faz sentido falar em "pensamento" e "linguagem" como estruturas apartadas. Os filósofos da educação menos retardatários já estão sabendo beber das águas dessa mudança. Alguns, ainda por meio de estudos de psicologia; outros, já de modo mais livre, ousado e inteligente, por meio de uma compreensão mais ampla de como o paradigma da linguagem está substituindo o paradigma do trabalho no âmbito da própria filosofia da educação.

FIM DAS HIERARQUIAS EPISTEMOLÓGICAS

Até os anos 1960 e, de certo modo, até a década de 1970, a pedagogia lidava com uma forma quase inquestionável de disposição dos saberes, agrupados por meio da classificação "ciências humanas", "exatas" e "biológicas". Outros preferiam a divisão "ciências *hard*" e "ciências *soft*". Essa hierarquização epistemológica estava baseada na ideia de que cada narrativa que se apresenta como um saber deveria ser mensurada por uma escala bem específica. Essa escala media objetividade e verdade. Narrativas de saberes "mais objetivos" e "mais próximos da verdade", isto é, que fossem como retratos da Realidade Como Ela É, deveriam ficar mais acima na escala daquelas de "saberes subjetivos" e que tivessem dificuldade de mostrar um retrato do Real. O senso comum, em geral, traduz essa escala da seguinte maneira: os enunciados matemáticos são menos "subjetivos", pois não se apresentam como alteráveis segundo a interpretação; os enunciados da física são mais verdadeiros, pois são capazes de nos dar um retrato do mundo que, embora interpretável, nos conduz mais cedo ou mais tarde ao modo pelo qual de fato o mundo é. E, em ambos os casos, não é mais cabível o convívio de interpretações díspares.

Por razões técnicas em filosofia, essa visão não é sustentável hoje como foi no século XIX e, de certo modo, em algumas doutrinas filosóficas do século XX. Todavia, essas razões não chegam aos leigos em filosofia e, podemos dizer, não é diretamente por causa delas que a pedagogia tem caminhado, cada vez mais, para um lugar distante dessa visão hierarquizada epistemologicamente. No entanto, é certo, a pedagogia tem desconfiado de que não há grande utilidade em manter essa hierarquia. O que ganhamos ao privilegiar a física ou a matemática, colocando em segundo plano a história ou as artes? O que ganhamos ao dizer que temos um enunciado verdadeiro, que temos certeza dele, se muitas outras vezes certezas iguais foram removidas? O que se ganha com a afirmação de que uma teoria, por exemplo, a da psicanálise, que afirma que temos *ego*, *id* e *superego*, é bem menos imutável que a teoria da lei de gravidade, que diz que os corpos se atraem segundo uma razão bem definida, que envolve a massa e a distância? Não temos conseguido, em uma visão cada vez mais pragmática, encontrar motivos vantajosos para sustentarmos uma hierarquia que mais emperra nosso pensamento do que o liberta. É claro que alguns podem querer replicar, de maneira tosca: "Ora, mas ainda que possamos achar que muita coisa está sujeita a interpretações diversas, não podemos negar que dois mais dois são quatro". Ora, contra quem diz isso, é claro que podemos retrucar e afirmar que nem sempre dois mais dois são quatro, pois isso depende do que estamos somando; se estivermos somando vetores, o quatro já não é a resposta exclusiva, nem é a resposta. Então, a sofisticação de nosso pensamento atual em filosofia tem, por várias vias, atingido a pedagogia, deixando-a mais aberta e mais permeável à dúvida. Ou melhor: ou pelo "clima de época", que não admite mais que não possamos conviver com várias interpretações díspares, ou realmente por questões técnicas em filosofia, a pedagogia tem-se afastado do realismo metafísico e epistemológico.

Em termos bem gerais, que é ao que convém apelar quando falamos de influências sobre a pedagogia, pois esta é uma atividade que envolve pessoas mais voltadas para a prática do que para a reflexão especulativa, não é descartável, também, a hipótese de que esse caminho contra o realismo metafísico e epistemológico se fez por causa de duas grandes modificações no campo filosófico. A que me refiro? Exatamente aos abalos na Europa e nos Estados Unidos, ainda que por questões diferentes, que ocorreram na filosofia em um nível capaz de atingir os que lidam com educação básica, os que estão mais diretamente fazendo pedagogia ou exercendo as diretrizes de uma pedagogia. E quais abalos foram esses?

Esses abalos envolveram, principalmente, a história e a linguagem. O primeiro deles ocorreu com a crise do marxismo e, em especial, com seu total colapso como doutrina política no final do século XX. A filosofia da história atrelada a tal doutrina que, de certo modo, era o que alimentava a metafísica e a epistemologia do realismo marxista, entrou em completo desprestígio. Levou de roldão quase todo o edifício marxista. O segundo desses abalos ocorreu com a crise do positivismo lógico e, em particular, o colapso da doutrina que dizia que poderíamos encontrar uma só linguagem ou um só tipo de narrativa para descrever o mundo, e que tal tipo seria aquele que mais representaria a Realidade. O primeiro atingiu mais a Europa Central. O segundo, mais os Estados Unidos. Em termos de filosofia da educação, poderíamos dizer: o primeiro atingiu os que eram adeptos da filosofia continental da educação e o segundo, os adeptos da filosofia marxista da educação. É o que exponho em seguida.

Começo com a questão dos problemas da filosofia da história (marxista) e depois passo aos problemas da filosofia da linguagem (positivista).

A filosofia da história que mais ganhou adeptos no século XX foi a do marxismo. Essa filosofia da história não se apresentava como filosofia, mas sim como ciência. Resumindo ao máximo, a ideia básica dessa concepção era: a história é feita por fases e, em determinado momento, a ciência e principalmente a tecnologia – as "forças produtivas" – tendem a querer avançar em favor de um mundo mais dinâmico, o que, no entanto, não conseguem, pois ficam sob uma capa de leis e costumes – as "relações de produção" – que as amarram, e tais leis e costumes recebem a proteção dos grupos que ainda obtêm vantagem nesse entrave social; então, tudo conspira para que tal sociedade entre em crise e, se os homens dali perceberem o que está envolvido em tal crise, facilitarão a revolução social e política que deverá libertar as "forças produtivas" de um arcabouço arcaico em que estão envolvidas as "relações de produção". Tal revolução irá alterar a vida política, deixando que as "forças produtivas", principalmente a ciência e a tecnologia, avancem e sirvam a todos.

Como se pode ver, nessa concepção há o pressuposto de que uma parte da sociedade – em especial aquela que não está mais tendo vantagens em viver do modo que vive –, quando depara com tal crise, sabe qual o caminho da história, ou seja, percebe que há "condições objetivas" para a revolução. Essa parcela da sociedade é sua "vanguarda". Em geral, são os socialistas militantes organizados em um partido revolucionário, um "partido comunista", que irão tomar a frente da revolução e, então, mudar toda a vida política, todo o modo de organizar o trabalho para, enfim, reconstruir a sociedade em outras bases – eis aí o início do socialismo. Uma série de problemas fez tal filosofia da história, que se apresentava como ciência (como o que pode predizer o futuro), perder o prestígio ao longo do século XX.

Mas seu colapso, mesmo, se deu no final do século XX. Quando em meados dos anos 1980 todo o bloco político socialista, que era comandado pela União Soviética, começou a desmoronar, e as revoluções começaram a acontecer sem qualquer vanguarda, espontaneamente, e contra os socialistas e comunistas, em favor da volta do liberalismo e da democracia, então o mundo todo passou a descrer de modo mais consciente da filosofia da história nascida com o marxismo.

A ideia de vanguarda não ficou apenas associada a autoritarismo, como já era o caso desde o início do século XX, mas também as gerações que viram o colapso do mundo socialista perceberam que toda aquela teorização marxista, que dizia que o mundo caminharia para o socialismo e isso era um "fato" possível de ser vislumbrando pela "ciência da história", era uma construção tão sujeita a erro quanto qualquer ficção ou conto literário. Com o descrédito da teoria articulada ao socialismo, outras manifestações culturais ligadas a ele também entraram em colapso. O realismo marxista, o qual advogava que um grupo social – liderado pela "vanguarda" – poderia ver a Realidade Como Ela É, exatamente por não estar com os olhos voltados pelo interesse de manter o *status quo*, e sim alterá-lo, deixou de uma vez por todas de convencer as pessoas.

Quais foram as consequências disso para a pedagogia? Bem, toda a pedagogia ligada aos ideais socialistas e comunistas foi colocada em segundo plano. A ideia de "politecnia", a ideia da vinculação entre trabalho e escola e, enfim, uma plêiade de teorias que, aliás, até foram defendidas menos pelos socialistas do Leste e mais pelos socialistas do Ocidente, ficaram desgastadas. A filosofia da educação baseada no realismo marxista despencou e, então, a pedagogia marxista passou a ser vista como algo carcomido. Do mesmo modo que esteve em alta nos anos 1970 e 1980 na França e na Itália, por sua associação ao movimento do eurocomunismo, e de certo modo também no Brasil na década de 1980, nos anos 1990 seus teóricos já não sabiam mais o que dizer e se recolheram a trabalhos técnicos ou de história da educação. Autores que foram famosos na Itália e na França nos anos 1970, e depois no Brasil dos anos 1980, ficaram desconhecidos dos que vieram a se envolver com filosofia da educação e pedagogia nos anos 1980. Os livros mais militantes do italiano Mario A. Manacorda e do francês Georges Snyders, ambos marxistas, tão procurados na década de 1970, foram rapidamente abandonados nos anos 1990.

O "fim do comunismo", a derrocada dos regimes do Leste Europeu e a consequente perda de prestígio da filosofia da história marxista atingiram mais a Europa e, em especial, o Terceiro Mundo. Dos países europeus que não faziam parte do Bloco Soviético, a Itália e a França foram os que realmente ficaram abalados, e os quais viram seus intelectuais de esquerda desorientados. Eram países que tiveram partidos comunistas fortes eleitoralmente, lugares em que tais partidos estavam já há algum tempo disputando eleições e se comprometendo com a manutenção da democracia. Mas diante do desprestígio mundial do socialismo, não conseguiram se mostrar diferentes do que era feito na URSS e satélites, e não conseguiram resistir. Foram varridos do mapa político; perderam jornais e patrimônios e acabaram por fechar as portas. Isso teve seu equivalente no Brasil.

Nos Estados Unidos, no entanto, o marxismo havia entrado em desprestígio já desde o início do século XX. Portanto, lá, não foi por obra dos entraves da filosofia da história marxista e pelos problemas políticos do socialismo que ocorreram as alterações visíveis nos anos 1990. No campo da filosofia e, portanto, com reflexos para a filosofia da educação e pedagogia, quem fez o papel de porta-voz do dogmatismo, no mundo anglo-saxônico, foi o positivismo lógico. Foi essa doutrina que advogou, para o lado norte-americano e, de certo modo, para o lado inglês, o que correspondeu analogicamente ao marxismo no âmbito do que chamamos de países adeptos da "filosofia continental", ou seja, os países centrais da Europa.

O marxismo foi proprietário de uma face do dogmatismo e o positivismo lógico se agarrou à outra. Este não advogou uma filosofia da história nem esteve envolvido com um movimento político de modo articulado, mas fomentou uma filosofia da ciência de base realista articulada a uma filosofia da linguagem que postulou hierarquias epistemológicas tanto quanto o marxismo. Resumindo ao máximo, essa doutrina dizia que era possível encontrar uma linguagem depurada de efeitos retóricos, baseada na lógica e, então, capaz de espelhar com fidedignidade as expressões das sensações empíricas. Assim, haveria grande chance de essa linguagem representar a realidade, espelhá-la. E mais: entre as narrativas científicas, a da física já desempenharia com bastante êxito tal tarefa. A física, entre todas as ciências, estaria sendo capaz de dizer O Que É o Mundo. Ora, tanto do ponto de vista da filosofia da linguagem quanto do da filosofia da ciência, esses postulados realistas foram sendo derrotados a partir do pós-Segunda Guerra Mundial.

O realismo que dizia que a física ou a lógica poderiam dispor de uma linguagem capaz de espelhar o real não sobreviveu a questões técnicas, da filosofia, levantadas contra ele. Em filosofia da ciência, por exemplo, os anos 1960 nos Estados Unidos receberam com entusiasmo o livro *A estrutura das revoluções científicas*, de Thomas Kuhn (1922-1996). Nele havia a tese de que os saltos científicos não se davam por obra da descoberta da verdade como o que espelha o real, mas a partir de abandonos de determinadas perguntas, que não importam mais, e a concomitante adoção de outras, até mesmo elaboradas sob outras formas de conversar. De modo geral, isso ficou conhecido como troca de paradigmas. Esse modo de ver a ciência provocou uma alteração menos barulhenta que a da derrocada do marxismo, mas, ainda assim, foi uma revolução filosófica equivalente às levadas a cabo, no campo político, quando da Queda do Muro de Berlim e tudo que de lá veio a ocorrer.

A pedagogia inglesa e norte-americana que, de certa forma, havia bebido em águas da filosofia da educação ligada ao positivismo lógico e ao realismo filosófico, caiu em desprestígio, portanto, até mesmo antes da pedagogia marxista. No início da década de 1980, a pedagogia orientada pela filosofia da educação do positivismo lógico já não tinha mais voz ativa. Ela havia defendido a ideia de que o papel da pedagogia era ter objetivos claros para a formulação de alvos educacionais, dado por uma linguagem límpida que poderia expressar fidedignamente o que seria a tarefa do professor. Isso, rapidamente, caiu em desuso. A tarefa da pedagogia, como havia sido postulado pelo realismo filosófico da doutrina do posivitismo lógico, que era a de melhoria da condição técnica da linguagem educacional, chegou a tal desprestígio nos países de língua inglesa, onde havia reinado durante décadas, que a própria discussão pedagógica começou a sair das mãos dos filósofos da educação e ir para o campo dos "sindicalistas". É curioso notar que, então, alguns desses sindicalistas procuram na pedagogia de Paulo Freire um refúgio. Ali eles viram a possibilidade de namorar com teses utópicas sem, no entanto, total adesão a propostas autoritárias do comunismo, e sem ter de se submeter mais aos programas de assepsia da linguagem propostos pelo positivismo lógico.

De fato, por causa desse tipo de movimentação, houve um crescimento no número de adeptos da pedagogia de Paulo Freire na década de 1990 nos Estados Unidos, o que em parte se explica por esse desencantamento dos teóricos com a filosofia da educação ligada ao positivismo lógico, por um lado, e a impossibilidade de simplesmente adotarem o marxismo, por outro. Também no Brasil isso se fez sentir. Nos anos 1980 as propostas de Paulo Freire foram relativamente eclipsadas pelo marxismo mais ortodoxo. Na década seguinte, no entanto, voltaram a ter espaço.

O desprestígio do positivismo lógico e do marxismo no âmbito da filosofia da educação facilitou as pedagogias que se abstiveram de defender qualquer tipo de realismo ou de defesa da ideia de que há narrativas mais capazes de representar a Realidade do que outras. Independentemente de suas formulações didáticas, as pedagogias que ganharam prestígio nos anos 1990 foram aquelas que incentivaram como trabalho educacional o consumo de narrativas sem cobrar delas o compromisso com o Real ou com a Verdade. As pedagogias que tenderam a admirar o verdadeiro e o falso como adjetivos que damos a teorias e enunciados, e não como quem usa a Verdade, em maiúscula, para dizer que está nas mãos com um espelho fidedigno do Real, ganharam mais adeptos. Livres de hierarquias epistemológicas, então puderam trabalhar com todo tipo de narrativa – *sites*, cinema, teatro, ciências, documentários, bilhetes, pinturas etc. Foram essas teorias educacionais as que mais entusiasmaram os jovens que vieram a procurar conhecer métodos pedagógico-didáticos nos anos 1990.

É claro que os que estiveram contra tal horizontalização das narrativas não deixaram de existir. Eles, por sua vez, não tendo mais apoio na "ciência da história do marxismo" ou na doutrina do positivismo lógico, procuraram na psicologia o que seria o porto seguro para suas formulações pedagógicas. Há também de se notar que uma parcela dos jovens, talvez aqueles que vieram de setores sociais menos tendentes à busca de certezas no campo científico, ampliaram a faixa dos que procuraram no campo místico uma tábua de salvação. Diferentemente das décadas de 1960 e 1970, não foram poucos os jovens do final do século XX que se inscreveram em igrejas e passaram a adotar e a praticar uma religião. Inspirados pelo mesmo clima, também cresceu nessa época a literatura de "autoajuda" e "esotérica". No Brasil, inclusive, tivemos situações até então inéditas: em alguns cargos executivos importantes do campo educacional vimos tomar posse escritores de livros de autoajuda que, enfim, tentaram impor tal literatura como literatura pedagógica para nossos professores. Os reflexos desses posicionamentos menos intelectualizados (e voltados para um dogmatismo menos sofisticado que o dogmatismo filosófico) sobre a pedagogia ainda estão para ser mensurados.

VIII
Didática

Chegamos ao oitavo e último capítulo. Resta agora expor as doutrinas pedagógicas e suas respectivas didáticas. Lembrando que a pedagogia se relaciona com a filosofia da educação e, portanto, fixa os objetivos da educação e, ela própria, traça as normas mais gerais do que se deve fazer em educação, cabe também mostrar como ela apresenta os meios e os procedimentos para que a educação que ela propõe se efetive. É aí que a pedagogia nutre um de seus campos técnicos mais concorridos, o campo da didática.

Assim, quando a pedagogia precisa realmente "colocar a mão na massa", isto é, ir até o campo no qual a relação ensino-aprendizagem deve ocorrer, envolvendo as crianças de carne e osso, ela não pode prescindir de ter diretrizes capazes de não deixar que a situação educativa ocorra espontânea e aleatoriamente. Pois se isso ocorre, a pedagogia pode ser traída, isto é, ela pode não ver a educação que advoga ser efetivada. Ter os passos didáticos bem claros é um segredo da boa pedagogia. Os passos não são uma receita infalível, mas se *pertencem* à formação do professor, eles se tornam o caminho para uma praxe que garante a ocorrência da relação ensino-aprendizagem de um modo ótimo, segundo a pedagogia em questão.

Os passos pedagógico-didáticos não são a atividade total da pedagogia, é claro, mas são uma de suas atividades centrais. A administração da escola, a orientação educacional, os trabalhos de inclusão de alunos que necessitam dessa colaboração, as formas pelas quais os arquitetos são instruídos na construção da escola, a montagem do grêmio ou do centro cívico, as diretrizes de organizações comunitárias de "amigos da escola" ou "associações de pais e mestres", o conhecimento da legislação educacional e da política educacional, a participação sindical e tantas outras atividades que pertencem ao campo da pedagogia, e as quais deveriam ser objeto do trabalho de formação do professor, não são autônomas no âmbito de cada pedagogia. Quando essas atividades se tornam autônomas, há uma falha na pedagogia. E caso uma pedagogia as faça autônomas, essa pedagogia não é uma boa pedagogia. Mas "autônoma" em relação a quê? Em relação à situação de ensino-aprendizagem. Tudo o que a pedagogia abarca é derivado do que se quer na situação de ensino-aprendizado. Não é o caso de dizer que todas as atividades devem estar em harmonia entre si. O caso é de entender que a harmonia, que deve existir, tem um ponto central de onde irradia o que é e o que não é aquela pedagogia. É a relação entre o educador, a criança e as narrativas com as quais ambos trabalham em comum que fornece tal ponto central e dá o norte para tudo o mais em pedagogia. Caso não seja assim, não há propriamente pedagogia. Pode até haver educação, mas não podemos falar, no sentido amplo e correto da palavra, em pedagogia.

Outro erro, bastante comum no Brasil, é o de sobrevalorização da didática. Os passos pedagógico-didáticos são o ponto de partida e o ponto de chegada de alguém que está construindo e aprendendo uma pedagogia. Mas, antes de tudo, a pedagogia é a interação entre a filosofia da educação, em uma ponta, e a didática, em outra. A pedagogia deve garantir que haja um canal aberto de conversação e de trânsito fácil entre esses dois elementos necessários à educação.

Considerando a história da educação brasileira, seleciono aqui as pedagogias que tiveram a preocupação de apresentar diretrizes didáticas e, enfim, surgiram em nosso cenário social e histórico, tomando aqui seus respectivos passos pedagógico-didáticos. Tudo o que se quer fazer em pedagogia deve, antes, ser pensado partindo de como tais passos, em sua otimização, podem ou não fazer que a aprendizagem ótima ocorra. Mas, atenção: os próprios passos não levam a um único tipo de aprendizagem. Caso assim fosse, bastaria optar pelo que é o mais fácil e nos tornar apto nele. Não! Eis aí a não neutralidade da didática. Os passos realizam a aprendizagem segundo o que cada uma das filosofias da educação e cada uma das pedagogias quer atingir. Além disso, a própria noção do que é e do que não é a aprendizagem está envolvida nos passos. Assim, optar por uma didática é uma forma de optar não só por uma pedagogia, mas por uma filosofia da educação e, no limite, por uma filosofia em geral, por uma doutrina.

Exponho as diretrizes das pedagogias escolhidas em forma de passos e de modo comparativo, para facilitar o entendimento do leitor.

Pedagogia de Herbart	Pedagogia de Deway	Pedagogia de Paulo Freire	Pedagogia de Dermeval Saviani	Pedagogia de Paulo Ghiraldelli Jr.
Preparação	Atividade e pesquisa	Vivência	Prática social	Narrativa
Apresentação	Eleição de problemas	Temas geradores	Problematização	Narrativa e romance pessoal
Associação e assimilação de conceitos por comparação	Coleta de dados	Problematização	Instrumentalização	Construção da articulação entre a narrativa e o romance pessoal
Generalização	Hipótese e/ou heurística	Conscientização	Catarse	Avaliação da nova narrativa e conversação sobre sua integração no romance pessoal
Aplicação	Experimentação e/ou jugamento	Ação política	Prática social	Ação cultural, social e política

PASSO 1

Herbart. O processo de ensino-aprendizagem, para Herbart, começa com a *preparação*. Consiste na atividade que o professor desenvolve à medida que recorda ao aluno o assunto anteriormente ensinado ou algo que ele já sabe: trata-se de lembrar ao aluno a matéria anteriormente dada.

Dewey. O estadunidense não vê necessidade em tal procedimento, pois acredita que o processo de ensino-aprendizagem tem início quando, pela *atividade* dos estudantes, eles se defrontam com dificuldades e problemas, tendo então o interesse aguçado para o que será o objeto de estudo. Cabe ao professor, portanto, partir do interesse demonstrado pelos alunos e iniciar o trabalho.

Paulo Freire. Ele vê o processo de ensino-aprendizagem se iniciando em um momento especial, quando o educador está vivendo efetivamente na comunidade dos educandos, observando a vida deles e participando de seus apuros; quando ele adquire as *vivências* históricas e psíquicas da comunidade.

Saviani. Ele acredita que o primeiro passo da relação ensino-aprendizagem é a *prática social*. Por tal termo, entende as relações de convivência entre os que serão professores e alunos, e os quais se encontrarão em determinado lugar comum, mas que, basicamente, são agentes sociais diferenciados e se posicionam de modo diferente perante o mundo. No entanto, diz ele, a compreensão dessa prática social é hierarquicamente diferente: o professor tem sobre ela uma compreensão que é uma síntese precária do mundo, enquanto os alunos têm uma compreensão de caráter sincrético.

Ghiraldelli. Narrativa. Não vejo o processo de aprendizagem se iniciando senão quando os problemas já estão apresentados ou descritos. Não há problema que venha puro, bruto, para o aluno. O aluno já recebe, ou já vive o problema como problema, ou seja, ele vai ver um filme, lê um livro, escuta um colega ou sua mãe, lê um jornal, ouve o rádio ou assite à televisão, consulta a internet, participa da conversa de adultos e de seus pares, enfrenta o sermão do padre ou pastor, houve conselhos médicos e, então, em cada uma dessas atividades, ele participa de um problema. Ele tem a seu redor problemas que lhe são problemas à medida que assim apareceram nas diversas conversas e histórias que chegam a ele. Isso é a sua vida cultural. As *narrativas* que preenchem sua vida cultural são narrativas que trazem problemas. Eis aí o único e primeiro passo do processo de ensino.

Sem narrativas não há início nenhum de processo de ensino-aprendizagem. E as narrativas só são interessantes se trazem um problema. Quem daria atenção a uma narrativa (filme, livro, conversa, desenho etc.) se ela não lhe apresentasse um problema? Sem o problema, alguém ficaria curioso diante de uma narrativa? Não creio que haja assunto que precise ser problematizado porque veio de maneira não problematizada. Se vamos ao cinema, e ganhamos uma narrativa, temos uma narrativa que já é um problema posto pelo diretor do filme ou pelo escritor ou criador. Se esse problema tem a ver conosco ou não, é uma questão para decidirmos depois. A falha das outras pedagogias, como eu as leio, é que elas parecem imaginar que há algo que chega aos alunos exteriormente a alguma forma de narrativa, e a qual precisa ser, *a posteriori*, problematizada ou ensinada etc. Não! Os problemas já aparecem mediatizados, e por isso estão inseridos em uma narrativa qualquer. Nada chega bruto, puro aos alunos. E nada lhes chega pelo trabalho ou pela prática social ou vivência. Tudo lhes chega por narrativas, deles mesmos ou de outros.

Passo 2

Herbart. A teoria herbartiana diz que, após a preparação, o professor já pode fazer a *apresentação* do novo assunto aos alunos – os conceitos morais, históricos e científicos que serão a matéria do processo de ensino-aprendizagem são o carro-chefe do processo mental e guiam os interesses dos alunos.

Dewey. A teoria deweyana, ao contrário da de Herbart, acredita que o carro-chefe da movimentação psicológica são os interesses, e estes são despertados pelo contato com dificuldades e com a delimitação de problemas. Assim, para Dewey, da atividade seguem-se a enumeração e a *eleição de problemas*.

Paulo Freire. O educador freireano acredita no mesmo que Dewey, mas acha que os problemas não são tão motivadores quanto os *temas geradores* de discussão, isto é, as palavras-chave colhidas no seio da comunidade de educandos e as quais podem despertar a atenção destes à medida que fazem parte de suas atividades vitais.

Saviani. Neste caso, o segundo passo está sob o rótulo de *problematização,* que na concepção de Saviani significa detectar quais questões precisam ser resolvidas no âmbito da prática social e, em consequência, ver qual conhecimento é necessário dominar.

Ghiraldelli. Romance pessoal. O papel do professor é escolher, com os alunos, as narrativas mais interessantes, mais propícias no momento, ora contingentemente, ora de maneira mais planejada, conforme o ambiente escolar em que se está, conforme o nível e a idade dos alunos e, enfim, conforme um grau mais ou menos aberto de objetivos de ensino a serem atingidos, previamente pensados pelo professor. Uma narrativa escolhida pode ser um texto banal, por exemplo, um horóscopo que uma aluna traz para a sala de aula e insiste que está guiando sua vida; ou um filme que o professor sugere de um determinado momento da vida dos alunos; ou a bula de um remédio que a televisão informa que está sendo retirado do mercado por causar algum dano ou, enfim, a foto retirada de um site que mostra uma montagem estranha, que nos faz pensar duas coisas opostas ao mesmo tempo; ou uma música que vinha completamente despercebida e começa, agora, a incomodar. Como escolher? Qual critério utilizar? O critério é o de observação do *romance pessoal*, a história de vida de cada um.

Denomino essa história de vida de romance pessoal exatamente para que não percamos de vista que, quando apresentamos nossa história de vida, por qualquer meio, ou peça teatral ou história em quadrinhos ou redação etc., estamos em grande parte no terreno ficcional. Nossa vida é uma ficção nossa, mesclada com aquilo que acreditamos que é a realidade. Ora, a atividade de escolha da narrativa, então, deve passar pelo seguinte crivo: quanto ela apresenta de problemas que em seu âmago ou em sua periferia se articulam com o *romance* que é a vida de cada um? Apesar de, nesse passo, optarmos por uma situação de atenção individual, é fácil ver que várias situações individuais são de todos, são coletivas. Então, há grandes chances de escolhermos uma narrativa guiada por um romance pessoal, mas não fazer disso uma peça idiossincrática que escape aos outros alunos que, ali presentes, ficaram quietos e não se manifestaram na escolha. O exemplo da narrativa que é um jornal contendo o horóscopo de uma aluna é significativo. Quem não acredita, na prática, em horóscopo, em uma sala de aula de 45 alunos entre 14 e 16 anos, por exemplo? Isso vale não só para os alunos, mas também para o professor. Essa articulação é um ponto-chave e exige dele, sensibilidade, cultura filosófica, social e histórica. Todavia, requer dele, na verdade, pé no chão, bom senso. Menos teoria e mais abertura para a articulação direta entre o romance que é a vida de cada aluno e a narrativa escolhida é a melhor opção nesse caso.

Passo 3

Herbart. Uma vez que o novo assunto foi introduzido, isto é, uma vez que novas ideias e conceitos morais, históricos e científicos estão postos, eles serão assimilados pelos alunos à medida que estes puderem ser induzidos a uma *associação* com as ideias e conceitos já sabidos.

Dewey. Nessa fase do processo de ensino-aprendizagem, o educador deve estar preocupado em ajudar os alunos na atividade de formulação de hipóteses ou caminhos heurísticos para enfrentar os problemas admitidos na fase anterior. Mas ele não pode ainda fazer isso, faltam-lhe dados, e os dados devem ser coletados pelo professor e pelos alunos: a *coleta de dados* é feita de modo amplo, usando todos os recursos disponíveis.

Paulo Freire. Aqui, uma vez que o educador já trabalhou os temas geradores, começa a problematizá-los: a *problematização* freireana implica o desenvolvimento de uma atividade de diálogo horizontal entre educador-educando e educando-educador de modo que os temas geradores possam ser entendidos como problemas; e problema, neste caso, quer dizer problema político. A problematização ocorre se o tema gerador é visto em suas relações com o poder, com a perversidade das instituições, com a demagogia das elites etc.

Saviani. Aqui, os conhecimentos necessários para enfrentar os problemas da prática social são os que podem levar à *instrumentalização*. Isso, segundo Saviani, não é equipar o aluno de técnicas, mas fazer com que as camadas populares venham a deter as ferramentas culturais necessárias à luta social que travam diuturnamente para se libertarem da exploração em que estariam vivendo.

Ghiraldelli. A nova narrativa; a construída pelo aluno. O terceiro passo implica a continuidade da discussão da articulação entre as narrativas dos alunos e a mostrada inicialmente. Implica, também, a construção de novas narrativas, isto é, a elaboração de uma peça que vá compor, de certa maneira, o romance pessoal do aluno, o que vai fazer com que ele redescreva seu romance, para incorporar aquele novo episódio ou reflexão, dado por essa narrativa que ele próprio, aluno, produziu. Então, na prática, o aluno, agora, deve ser levado a produzir ou um texto ou um vídeo ou um filme ou uma música ou uma foto ou um desenho ou, enfim, uma careta – sabe-se lá o que ele vai fazer. O importante é que ele consiga criar e, então, possa colocar uma peça a mais em seu romance pessoal. Ele deve ser capaz de montar sua história por meio de um objeto cultural que, em suma, é uma narrativa – ele deve apresentar tal objeto ou uma performance equivalente a ele.

Esse novo objeto, insisto, deve ser importante para ele; deve caber como uma peça na reelaboração que agora inicia seu romance pessoal. Esse novo objeto, disse e repito, é uma narrativa tanto se for um desenho ou um vídeo que ele fez para colocar em seu *blog* na internet, quanto se for uma performance teatral levada adiante em sala de aula. E como ele vai construir isso? Ora, o aluno, aqui, pode lançar mão, para elaborar (ou melhor, reelaborar) sua narrativa referente ao caso, de qualquer tipo de narrativa de apoio; pode usar o que está à mão do senso comum, mas pode também usar algo do âmbito das ciências, tentando produzir sua narrativa por meio do que lhe ensinaria a sociologia ou a psicologia ou a medicina ou a literatura etc. Volto ao exemplo do horóscopo. Aqui, não é só o caso, como no passo anterior, de ver se há um episódio relativo a horóscopo que tem muito a ver com a sua vida; o caso aqui é o de construir um objeto cultural que articule isso, sua vida e o horóscopo.

É importante que o aluno perceba que essas narrativas (ciência, ficção, medicina etc.) que o estarão ajudando a ler a primeira narrativa e elaborar sua nova narrativa são todas formas de contar casos, histórias, isto é, são formas de conversação que diferem não por uma ser mais verdadeira que a outra, mas por terem objetivos diferentes. Ele não deve querer, portanto, nem de forma direta, nem de modo sub-reptício, hierarquizar epistemologicamente essas narrativas. Afinal, quem vai se achar no direito de julgar a articulação entre uma história trazida e o *romance* pessoal? Em geral, nesse momento de meus passos pedagógicos, quando eu os estou expondo a professores, muitos deles se apavoram e se desesperam quando descobrem que a narrativa que têm como a verdade, como aquela que explica todas as outras narrativas é, também ela, uma narrativa a *mais,* cuja crença eles nem sempre adquiriram de modo diferente do que adquiriram outras crenças. Esse é um passo importante que, em todos os outros métodos, me parece não existir, e coloca qualquer tipo de dogma por terra. O aluno que fez um desenho como sua nova narrativa e, para tanto, usou um conto do Machado de Assis para se inspirar, está em igualdade de condições com o aluno que mostrou que elaborou um *paper* em que disserta, filosoficamente, contra o horóscopo, baseado em livros de ciência, e quer com isso mostrar que, em sua vida, o horóscopo não tem lugar, não tem espaço.

Passo 4

Herbart. Nesta fase, a teoria herbartiana acredita que o aluno já aprendeu o novo por associação com o velho, mas agora ele precisa sair do caso particular exposto e traçar *generalizações,* abstrações, leis a respeito dos conceitos. Ele precisa, agora, de definições. O professor, é claro, pode insistir para que o aluno faça inferências e chegue então a adotar leis, na moral e na ciência.

Dewey. A teoria deweyana, nessa fase, quer alimentar e formular *hipóteses* ou *caminhos heurísticos* por meio dos dados colhidos na fase anterior. Sendo assim, a atividade do professor e do estudante, agora, é a de buscar interpretar o que veio das bibliotecas e de outros meios, inclusive da própria memória, os dados capazes de fornecer uma arquitetura mais empírica às hipóteses ou tirar *melhor* razoabilidade para os caminhos heurísticos.

Paulo Freire. Na teoria freireana, esse é o momento em que educador-educando e educando-educador, ao traçarem as relações entre sua vida e o poder, mediante problematização dos temas geradores, chegam a perceber o que acontece com eles como seres sociais e políticos, e então chegam à *conscientização*, passam a ter consciência de suas condições na *pólis*.

Saviani. Aqui, Saviani usa o termo *catarse*, que para ele é o momento em que as bases sociais, políticas e econômicas, ou seja, as estruturas da vida social, são elaboradas e incorporadas como superestruturas, ou seja, como conjunto articulado de noções dos mais diversos tipos na consciência dos alunos. Isto é, tratar-se-ia do momento em que os instrumentos culturais seriam transformados em elementos ativos de transformação social.

Ghiraldelli. Avaliação. Este passo, agora, é importantíssimo: trata-se da *avaliação*, com todos, das novas narrativas. Essas novas narrativas vão, enfim, se transformar na parte do romance pessoal de cada um, a história de vida. A avaliação dessas novas narrativas é, enfim, o processo pelo qual todos participam ou assistem ou leem ou usufruem do que foi produzido individualmente, e então conversam sobre o quanto o que cada um produziu acrescenta algo novo no romance pessoal que estão escrevendo ou não. É o momento das considerações da produção de cada um por todos. Os textos teóricos, contos, *sites*, filmes, fitas, fitas de vídeo, CDs, fotos, desenhos, conto oral, peça de teatro, performance, "causo" ou piada, teoria, peça de roupa, show musical ou seja lá o que for que o aluno produziu, e apresenta como sua narrativa e, enfim, o que ele incorporou para acrescentar uma peça a mais em seu romance pessoal, é que será avaliado. O que importa aqui é que o aluno possa *ir além* da articulação entre seus problemas e os problemas da narrativa mostrada inicialmente, gerando algo que é *novo*, que é produto de sua própria capacidade intelectual, de seus valores e objetivos e, enfim, de seu senso estético e, principalmente, de seu *gosto* em optar por um tipo de finalidade e por um tipo de meio para a construção na nova narrativa.

Só um professor com sensibilidade pode, então, se envolver de peito aberto com esse passo crucial. Quaisquer reservas, prejulgamentos e falta de incentivo, nessa fase, e todo o processo pedagógico-didático cai por terra. Mas qualquer atitude paternalista, aqui, também é prejudicial. O debate aqui é franco, aberto. Cada um deve falar o que sente e pensa do que foi produzido. E o professor, nesse caso, deve dar sua opinião qualificada. O que está sob os olhos de todos, nesse momento, é o quanto a narrativa produzida por cada um está ou não articulada de modo rico, interessante, com seu romance pessoal. Esse processo será cada vez mais dinâmico e mais rico quanto mais o grupo de estudantes for se conhecendo e atuando junto nessa prática. Volto aqui ao exemplo do horóscopo. Aquele aluno que produziu o *paper*, mesmo que este esteja bem escrito e correto, e que articulou o *paper*, seu romance pessoal, ao desejo de mostrar que na vida dele o horóscopo "não tem vez nem voz", não pode "cair em contradição" em meio às conversas de avaliação de seu trabalho? Não poderá ele, talvez, mostrar que fez o que fez, não porque não acredita em horóscopo, mas pelo fato de acreditar até demais? É nesse espírito que deve ocorrer a conversação em favor da avaliação. A avaliação, aqui, não é avaliação "para a nota", ela é a conversa crítica sobre o objeto produzido pelo aluno. Os processos de "promoção do aluno" que, em geral, estão associados à avaliação são os mais diversos e, nesse caso, podem ser elaborados em comum acordo entre professores e estudantes.

Passo 5

Herbart. Nessa última fase, o aluno deve ser posto na condição de *aplicar* leis, abstrações e generalizações a casos diferentes, ainda inéditos na situação particular, sua, de ensino-aprendizagem. Para tanto, o aluno faz exercícios, resolve problemas, responde a questões expondo definições etc.

Dewey. Na última fase, opta-se por uma ou duas hipóteses em detrimento de outras à medida que há confirmação dessas por *processos experimentais*.

Tem-se então uma tese. Ou, então, opta-se por uma heurística e, assim, por uma conclusão, uma vez que a plausibilidade das outras formulações heurísticas caiu por terra diante das exigências de coerência lógica etc. O aluno, então, está apto a usar todo esse processo (os cinco passos) diante de qualquer outra situação.

Paulo Freire. O passo final na teoria freiriana é a tentativa de solução do problema apontado desde o tema gerador pela ação política, que pode até mesmo ter desdobramentos práticos de *ação político-partidária*.

Saviani. O último passo de Saviani é a *prática social*, só que agora, segundo ele, os alunos a entenderiam não mais como sincrética, mas ascenderiam a um nível sintético, ao nível do professor que, por sua vez, também melhoraria sua compreensão inicial.

Ghiraldelli. Divulgação. Se o aluno conseguiu dar o passo 4, naturalmente já está em meio ao passo 5, pois este nada mais é que a divulgação, para além da escola e do convívio com seus pares, da nova narrativa como elemento que pode provocar em outros modificações de suas conversas no campo da cultura, da política e da vida social. A escola e o professor devem, aqui, provocar o incentivo à divulgação do material produzido.

O que é importante perceber – e aí está a habilidade e a cultura necessárias para ser professor – é que tais passos se acomodam a qualquer *assunto*. O termo narrativa, que empreguei, serve para qualquer assunto. Desde o início isso deve ter ficado claro. O que deve ficar claro, também, é que não há espaço, em meus passos, para a ideia de "catarse" (Saviani) ou de "conscientização" (Paulo Freire). Tais ideias pressupõem ou que se passe por uma purificação ou que se passe por uma tomada de consciência, o que implica, nas filosofias de Saviani e Paulo Freire, que a narrativa do ponto de chegada, o conhecimento a que se chega para se poder intervir ou na prática social ou na lida política, seja, de fato, o conhecimento da Realidade Como Ela É. Esse tipo de realismo filosófico está abolido em meus passos. Meu ponto de chegada é uma narrativa que *faz sentido*, que me é útil para objetivos que, segundo meu gosto, abram portas para a ampliação da democracia, ou seja, para uma sociedade onde mais pessoas sejam diferentes e possam passar por experiências diferentes e mais ricas, boas para cada uma delas. Mas não tenho nenhum motivo para me jactar de estar de posse da realidade após ter passado por um processo de ensino-aprendizagem. Nesse sentido, meus passos não estão comprometidos com o vanguardismo do marxismo (em Saviani) ou de qualquer outra doutrina (em Paulo Freire). Pois eu não tenho a Realidade nas mãos, o que tenho é um *discurso* (que é real, mas com "r" e não com "R"), o qual terei de usar com habilidade para convencer os outros do que quero, do que acho que é melhor etc.

Final

Pedagogia ou pedagogias? Alguns podem ter terminado a leitura desse livro-verbete com a seguinte dúvida: "Mas como devo agir pedagogicamente, utilizando os passos dados ao final do livro, sendo eu um professor de *uma* disciplina?". E esse questionador pode completar, assim: "Não consigo entender como realizar os passos pedagógico-didáticos das correntes apresentadas sendo eu professor de matemática". Cada professor que terminou a leitura desse livro-verbete poderá estar com essa dúvida. Qual a razão dessa dúvida? É que muitos ainda acreditam que aquilo que devem fazer é, em última instância, "passar o conteúdo" de sua "disciplina". Em resumo, a educação, nesse caso, nada mais é que "dar matéria".

Essas duas expressões, "passar o conteúdo" e "dar matéria", não têm nada a ver com *nenhuma* das correntes apresentadas aqui. Apesar dessas expressões serem comuns e, de certo modo, revelarem de fato o que muitos professores – e até mesmo pedagogos – acreditam que é o ato educativo, elas não fazem parte do que chamamos aqui, por qualquer vertente, de pedagogia. Não só os passos que desenvolvi não podem exercer essa atividade de "passar conteúdo" e "dar matéria". Os passos pedagógico-didáticos de meus concorrentes também não conseguiriam fazer isso. O conteúdo, se ele é passado, como quem passa uma valise ou um prato de comida ou um cheque, pode ser tudo, menos um conteúdo de aprendizagem. Um conteúdo educativo, quando permeado por uma pedagogia, visa à alteração do comportamento de quem esteve na relação ensino-aprendizagem. Ele não passa. Ele não é passado. Ele não transita. Sobre o conteúdo, ficamos efetivamente sabendo o que ele é quando o estudante que se integra em uma situação de ensino-aprendizagem tem um comportamento que revela as alterações que queríamos ver alcançadas.

O conteúdo educativo não é "matéria a ser dada". Caso possamos admitir, com certa boa vontade para com o senso comum, que aquilo que será aprendido tem o nome de "matéria", não podemos imaginar que o que será aprendido será "dado". Posso dar uma peça de roupa ou posso dar um cheque ou posso dar um beijo em alguém. Mas não posso dar algo que ficamos sabendo que de fato existe quando vemos que alguém, antes da situação de ensino-aprendizagem, tinha um comportamento, e depois da tal situação, tem gosto e facilidade em desenvolver outro tipo de comportamento. Sabemos que alguém aprendeu o que devia aprender em termos de comportamentos expressos. Comportamentos não podem ser dados. Eles são forjados. Comportamentos não podem ser passados, eles são desempenhados. A pedagogia pode ser definida, aqui nesse caso, como atividade que constrói condições ótimas para que os novos comportamentos possam emergir e, se assim é, ela é um bom coadjuvante da democracia.

Indicações para leitura

Manuais

- Ghiraldelli Jr., P. *Filosofia da educação*. São Paulo: Ática, 2007.
  Neste livro há uma abordagem inédita no Brasil, pois ele é o único, até o momento em que escrevo aqui, que possui uma articulação clara entre filosofia de modo geral e filosofia da educação, considerando, inclusive, a filosofia contemporânea da educação.

- Ghiraldelli Jr., P. *História da educação brasileira*. São Paulo: Cortez, 2006.
  Escrevi esse livro para satisfazer ex-alunos de licenciatura que me diziam: "Professor Paulo, o senhor não vai escrever um livro que tenha tudo o que precisamos saber de básico na educação brasileira?". Pois bem, é este.

História

- ABBAGNANO, N.; VISALBERGHI, A. *História da pedagogia*. Lisboa: Horizonte, 1981.
  Esta obra existe em volumes por épocas e também em versão em volume único. Os filósofos italianos que a elaboraram conhecem bem as correntes pedagógicas em articulação com a filosofia, e por essa via redigiram os textos.

Filosofia

- TEIXEIRA, A. *Pequena introdução à filosofia da educação*. Rio de Janeiro: DPA, 2000.
  Ainda que o livro seja uma exposição da filosofia da educação de John Dewey, Anísio Teixeira o elaborou de maneira a abordar o que há de essencial na descrição das pedagogias.

SOBRE O AUTOR

Paulo Ghiraldelli Jr.

Paulo Ghiraldelli Jr. é filósofo e editor da revista *Contemporary Pragmatism,* de Nova York. Tem mestrado e doutorado em filosofia pela USP, mestrado e doutorado em filosofia da educação pela PUC de São Paulo. Fez sua livre-docência e seu concurso de titular na Unesp. Atualmente trabalha como filósofo e escritor e dirige o Centro de Estudos em Filosofia Americana (Cefa). Além disso é coordenador do GT-Pragmatismo e Filosofia Americana da Associação Nacional de Pós-graduação em Filosofia (Anpof). É editor do site do Cefa, o Portal Brasileiro da Filosofia, www.filosofia.pro.br.